Claus Penquitt
Nathalie Penquitt

Unser Erfahrungsbuch vom Reiten

Fragen beantworten – Probleme lösen

KOSMOS

Inhalt

▸ Fragen brauchen Antworten

▸ Zum Pferd

▸ Zur Ausrüstung

Zum Sitz

Zu den Hilfen

▸ Zu Gangarten, Anhalten und Rückwärtstreten

Zum Biegen und Beugen des Pferdes

Fragen brauchen Antworten

Meinem Vigoroso ist seine abwechslungsreiche Aus- und ständige Fortbildung auf dem Dressurplatz, dem Geschicklichkeitspark sowie im Gelände gut bekommen. Mit seinen 27 Jahren ist er physisch und psychisch putzmunter. Man braucht nur etwas zu denken und von ihm zu wollen, den Rest macht er von selbst.

Da sitzt man seit Jahrzehnten im Sattel und stößt ständig auf Fragen, die Antworten brauchen. So ist es nicht verwunderlich, dass auch andere Reiterinnen und Reiter und so auch die, welche schon jahrelang mit Pferden Umgang haben und reiten, mich vielfach mit Fragen überhäufen. Oftmals sind es aber Fragen, von denen man annehmen könnte, dass sie eigentlich längst geklärt seien.

Doch ist es nicht so, dass man, je länger man sich intensiv mit einer Sache beschäftigt und auf keinen Fall Fehler machen möchte, desto mehr eigentlich Selbstverständliches in Frage stellt? Genauso ist es auch, wenn unerwartet Schwierigkeiten auftreten. Die Richtigkeit dieses Hinterfragens stellt sich dann häufiger als geglaubt heraus. Aus den in meiner langen Lehrtätigkeit gesammelten Erfahrungen wurden für dieses Buch die am häufigsten gestellten Fragen zusammengestellt.

Zur Beantwortung der Fragen griff ich auch auf das nach wie vor unverzichtbare überlieferte Wissen der großen Reitmeister vergangener Zeiten zurück. Im Weiteren fand natürlich der aktuelle Wissensstand heutiger Zeit Berücksichtigung. Schließlich und selbstverständlich wurde die Beantwortung jeder Frage mit dem aus der Praxis resultierenden eigenen Wissen abgeglichen und erst dann in dieses Buch aufgenommen.

Vielen Berichten zufolge erfreuen sich Pferde, die bei mir nach der von mir vertretenen Lehrmethode eine Ausbildung erfuhren oder nach meiner Lehre von anderen ausgebildet wurden, noch im hohen Alter bester Gesundheit und Rittigkeit. Auch mein Lusitanohengst Vigoroso benimmt sich mit seinen 27 Jahren oftmals noch wie ein junges Pferd. Irgendwelche Alterserscheinungen sind in keiner Weise festzustellen.

Auch dieses Buch soll neben dem zum Standardwerk gewordenen Buch „Die neue Freizeitreiter-Akademie" sowie „Mein Übungsbuch" dazu beitragen, dass Sie mit Lockerheit, Leichtigkeit und Fröhlichkeit bei entsprechender Präzision und Eleganz viele Jahre Ihr Pferd reiten können.

Claus Penquitt

Als mein Vater mir vorschlug, gemeinsam dieses Buch zu schreiben, sagte ich spontan zu. Der mir skizzierte Inhalt, fand auch ich, würde viele Reiterinnen und Reiter interessieren. Sicher ist es außerdem interessant, zu einem Thema zwei verschiedene Aussagen zu bekommen, die sich idealerweise nicht widersprechen, sondern ergänzen.

Häufig werde ich gefragt, ob ich die Reitweise genauso unterrichte wie mein Vater. Dazu antworte ich, dass wir die gleichen Ideen und Vorstellungen zum Thema Reiten haben, aber sicherlich jeder seinen persönlichen Stil dabei entwickelt hat. Oft hilft es einem weiter, einen Sachverhalt in unterschiedlichen Worten beschrieben zu finden. Nicht jeder hat die gleichen Schwerpunkte und manchmal gibt es verschiedene Lösungswege für ein Problem. So denke ich, viele Pferdefreunde können von diesem Buch profitieren und das zusammengetragene Wissen optimal nutzen.

Nathalie Penquitt

Mit meinem Appaloosa Chief verbinden mich inzwischen viele Fotoshootings. Er wirkt trotz seiner 23 Jahre noch zufrieden und munter.

Fragen zum Pferd

Fragen zum Pferd

▸ Eignen sich auch Ponyrassen zum Gymnastizieren nach altklassischen Vorbildern?

Werden Ponys häufig unterschätzt?
Brauchen Ponys besondere Anleitungen?

Claus Penquitt:
Es war auf einer Pferdemesse. Ich hatte etwas Zeit, um dem munteren Treiben auf dem sogenannten Abreiteplatz zuzusehen. „Schau mal", rief Nathalie, „da ist wieder das Mädchen mit dem kleinen Haflinger." Das Pony kam gerade mit seinen in der Luft schwebenden Vorderbeinen wieder hinunter, um anschließend seine Hinterbeine vom Boden zu erheben. Es schaukelte so ein paarmal und als ich noch dachte, das sieht aus wie das Aufschaukeln zu einer Kapriole, schoss das Pony mit angewinkelten Vorderbeinen in die Höhe, so als wollte es über ein Hindernis springen. Gleichzeitig schnellten die Hinterbeine, sich kraftvoll vom Boden abstoßend und dann nach hinten ausgestreckt, in die Höhe. Das Pony schwebte für einen kurzen Augenblick parallel zum Boden in der Luft. Wir sahen eine Kapriole in Vollendung. Später in der Show klappte es genauso gut, wie auch die gezeigten Übungen im Travers und in der Traversale. Mit einer vorbildlichen Levade beendeten die beiden ihr Programm.

Eignen sich auch Ponyrassen zum Gymnastizieren nach altklassischen Vorbildern?

Wohlgemerkt, bei vorstehender Schilderung war der Partner des vorführenden Mädchens ein Pony. Damit dürfte die Frage, ob sich auch Ponys nach altklassischen Lektionen gymnastizieren lassen, beantwortet sein. Natürlich braucht das Ergebnis der Bemühungen nicht unbedingt eine „Hohe-Schule"-Reife zu sein. Erstrebenswert ist aber doch sicher ein auf leichteste Hilfen reagierendes Pony, das präzise, dabei locker und leicht das befolgt, was von ihm verlangt wird, und das sich natürlich auch im Gelände gelassen und zuverlässig verhält. Vor allem Letzteres lässt sich durch Geschicklichkeitsaufgaben erreichen. Diese werden von jedem Pferd, und so auch von den Ponys, mit viel Eifer erlernt.

Nathalie Penquitt:
Die Eignung zur Dressur ist meist nicht die entscheidende Frage. Vielmehr ist es doch so, dass man ein Pferd oder Pony besitzt und nun das Beste für sein Tier ermöglichen möchte. Egal welcher Rasse das Pferd entstammt, in jedem Fall ist eine gründliche, pferdeschonende Gymnastizierung sinnvoll.

Wie weit und leicht der Reiter mit seinem Pferd oder Pony bei dem Erlernen altklassischer Dressurlektionen vorwärtskommt, hängt von dem Talent jedes einzelnen Tieres ab.
Es gibt sehr häufig Ponys im barocken Typ, die sich sehr gut

eignen und leicht versammeln lassen. Andererseits gibt es manch ein Großpferd, das einige körperliche Schwierigkeiten ausgleichen muss. Ich würde die Eignung zur Dressur auf keinen Fall an der Körpergröße festmachen.

Werden Ponys häufig unterschätzt?

Claus Penquitt:
Leider gibt es immer noch Ausbilder, die, wenn es um Ponys geht, nur mitleidig lächelnd den Kopf schütteln. In diesem Zusammenhang erinnere ich mich an ein Ehepaar, das mich besuchte, um mir für einige Zeit bei meiner Arbeit zuzuschauen. Anschließend meinten sie, dass es schade sei keine Chance zu haben, sich um einen Kursplatz bei mir bewerben zu können. Ich erfuhr dann den Grund hierfür. Sie hätten ein Fjordpferd und einen Haflinger und seien aufgrund dessen von den ihnen empfohlenen Ausbildern abgewiesen worden. Sie hätten sich damit abgefunden und wollten sich auf keinen Fall von ihren lieben und treuen Tieren trennen.

Solche und ähnliche Fälle hatte ich schon mehrfach erlebt. Und unsere Zusammenarbeit entwickelte sich so, wie es meistens verläuft. Sie kamen Jahr für Jahr wieder. Ihre gut gymnastizierten, präzise gehenden Ponys, die auch im Gelände mit leichter Hand, locker und sicher gingen, wurden von anderen Einstellern in ihrem Stall bewundert. – Ein normaler Fall aus meinem Alltag.

Ponys werden allzu häufig unterschätzt. Uta Schröders Haflingerstute beherrscht mit großer Selbstverständlichkeit auch sämtliche Seitengänge und diese in allen Gangarten.

Nathalie Penquitt:
Wenn ich mit meiner Canadian Amber, einem Morgan Horse, in der kalten Jahreszeit auf einer Veranstaltung auftrete, denkt sicher so manch einer: Was will denn das plüschige Pony hier? Umso größer ist dann das Erstaunen, wenn Amber leichtfüßig und temperamentvoll auf feine Hilfen reagiert und in Traversalen und Pirouetten glänzt. Von einem imposanten Großpferd in edlem kurzem Stallfell hätte man bereits im Voraus mehr erwartet.

Eine andere Form der Unterschätzung ist allerdings auch die Idee, Ponys wären einfacher und von jedermann zu reiten. Ein Pony braucht eine ebenso fundierte Ausbildung wie jedes andere Pferd auch. Häufig ist das ein Problem, wenn das Pony so klein ist, dass es nur von Kindern geritten werden kann. Da ist es manchmal schwierig, ein reiterfahrenes Kind zu finden, das in der Lage ist, das Pony weiter auszubilden. Hier kann bis zu einem gewissen Grad auch die Arbeit an der Hand helfen. Ponys werden sicher sowohl in ihrer Leistungsfähigkeit als auch in ihren Ansprüchen häufig unterschätzt.

Übrigens, unser kleinstes Pony mit einer Größe von ca. einem Meter kann in der Herde viele der großen Pferde problemlos durch die Gegend schicken. Die Pferde untereinander scheinen sich an den Körpermaßen wenig zu orientieren.

Claus Penquitt:

Brauchen Ponys besondere Anleitungen?

Ponys sind schlaue und mutige Tiere. Sie haben einen stark ausgeprägten Selbsterhaltungstrieb. Es ist erstaunlich zu beobachten, mit welcher Vehemenz sie oftmals selbst gegen große starke Pferde ihren Futterplatz verteidigen.

Auch beim Reiten wollen sie sich aus den genannten Gründen gern möglichst schonen. Das hat schon manchen Reiter zur Verzweiflung gebracht. Hiergegen hilft aber ein intelligent zusammengestelltes Ausbildungsprogramm. Das wichtigste ist hierbei die Abwechslung. Ponys brauchen diese im besonderen Maße.

So sollten bei jeder Übung die Lektionen kürzer gehalten und häufiger als üblich gewechselt werden. Zum Beispiel wird auf einer 40 m langen Bahnseite mit Schulterherein begonnen und auf halber Länge in eine Volte übergegangen. Danach geht's weiter im Travers, auf der kurzen Bahnseite wieder ins Schulterherein, das nochmals durch eine weitere Volte unterbrochen wird. Auf der folgenden langen Bahnseite folgt nun zur Erholung eine Bahnrunde am hingegebenen Zügel.

1 Einen Sack mit klappernden Büchsen hinter sich herziehend, demonstriert Katrin Graf die Nervenstärke ihres Ponys.

2 Die vielseitige Begabung von Ponys zeigten Inga Scholl mit ihrem Lewitzer und Heike Krämer mit einem Tinker in einem anspruchsvollen Pas de deux.

Im Weiteren wären dann ein bis zwei Geschicklichkeitsaufgaben angebracht, welche die volle Aufmerksamkeit des Ponys erfordern und seinen Eifer wecken. Hierzu könnte zum Beispiel ein aus Bodenstangen gelegtes Doppel-U eingesetzt werden. Anregungen mit vielen Zeichnungen, Bildern und detaillierten, umfangreichen Erklärungen hierzu können unseren im Anhang aufgeführten Büchern entnommen werden.

Durch ein gut strukturiertes, abwechslungsreiches Ausbildungsprogramm sind großartige Erfolge möglich, die auch mich oft genug in Erstaunen versetzen. Man sollte sie also nicht unterschätzen, die Ponys.

Auf einen Blick

- Die positiven Reiteigenschaften von Ponys werden häufig unterschätzt.
- Auch mit Ponys können sämtliche gymnastizierenden Lektionen geritten werden.
- Ponys brauchen noch mehr Abwechslung als andere Pferde.

Nathalie Penquitt:
Nicht selten hört man Ausdrücke wie stures oder freches oder gewitztes Pony. Dazu kommt es nicht ohne Grund. Ich meine auch zu beobachten, dass Ponys eher Schwächen eines Reiters ausnutzen und durch ihre schnelle Auffassungsgabe unerwünschtes Verhalten lernen. Der Vorteil ist andererseits, dass sie schnell neue Aufgaben lernen und einen hohen Eigenantrieb besitzen, Schwierigkeiten zu bewältigen.

Ich denke aber nicht, dass es spezielle Anleitungen für Ponys geben sollte. Grundsätzlich muss man den Typ eines Pferdes berücksichtigen: Lernt es schnell oder langsam, ist es nervös, übereifrig oder faul und gelassen und noch vieles mehr. Das alles hängt aber nicht mit der Größe zusammen.

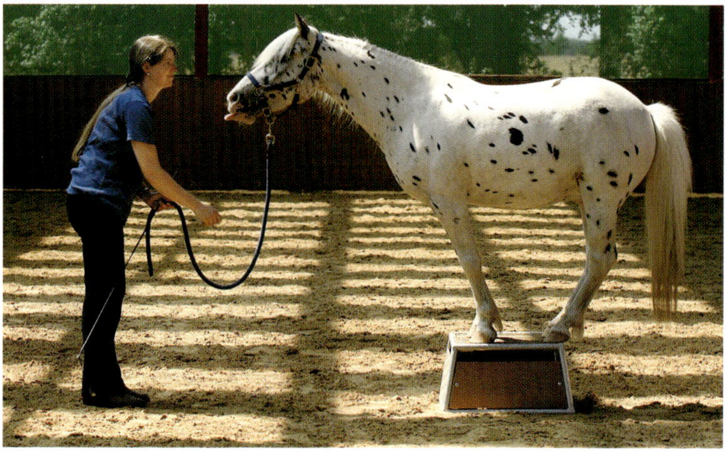

Auch Ponys, die zu klein zum Reiten sind, können körperlich gefördert werden, wie hier mit dem Balanceakt auf einem Podest.

Welche Größe sollte ein Pferd zum Reiten haben?

Gibt es Idealmaße für die Größe, Länge und Breite des Pferdes, die das Reiten erleichtern?

Welche Größe sollte ein Pferd zum Reiten haben?

Claus Penquitt:
Bei mir klappte die volle Bahnrunde im Schulterherein. Voll zufrieden schwang ich mich fröhlich aus dem Sattel. Eigentlich hätten meine Füße wie immer sofort Bodenkontakt haben müssen. Aber ich fiel weiter nach unten und musste mit leichtem Schreck an einen Kellerschacht denken, bis ich endlich wieder Boden unter den Füßen hatte. So ungefähr kam mir der lange Abstieg vom Pferd meines Schülers vor.
Ich hatte in meiner Begeisterung über die einwandfreie Befolgung meiner Hilfen vergessen, dass das liebe Pferdchen ein Stockmaß von 184 cm hatte.

1 Bei Uta Schröder mit ihrem Haflinger (links) stimmen die Größenverhältnisse …

2 … und obgleich Birgit Lehmann auf ihrem stattlichen Anglo-Araber (rechts) wesentlich größer als die vorgenannte Reiterin ist, wirken sie gleichfalls als ein homogenes Paar, weil die Größenverhältnisse stimmen.

Je größer, desto besser sei ein Pferd, hätten seine Freunde ihm gesagt. Das erklärte mir mein Schüler auf die Frage, warum er sich solch ein gewaltiges Pferd gekauft habe. Aus meiner Sicht war das Pferd zwar zuverlässig und brav, aber ein Riese und etwas schwerfällig. Auch ließ es sich nur schwer aussitzen.

Gegen dieses Pferd war mein Shagya-Araber ein Zwerg. Dafür ging er aber elegant und federnd schwingend. Er ließ jeden weich und sanft in allen drei Gangarten im Sattel sitzen. Sein Stockmaß betrug 156 cm. Solch eine Größe wird in Nicht-Freizeitreiter-Kreisen meistens als extrem klein und für ein Reitpferd als nicht akzeptabel angesehen. Auffallend ist, dass besonders kleine Reiter sich besonders große Pferde anschaffen. Hier soll wohl etwas kompensiert werden, was aber kaum gelingt, da das Gesamtbild unharmonisch wirkt.

Umgekehrt wirkt aber auch auf einem kleinen Pferd ein großer Reiter mit langen Beinen wenig ästhetisch. Diese baumeln dann entweder fast bis auf den Boden, oder die Bügel sind so kurz geschnallt, dass der Reiter im sogenannten Stuhlsitz, und dies in extremer Form, auf seinem Pferd kauert.

Wie unterschiedlich die passende gemessene Größe eines Pferdes zu beurteilen ist, zeigt auch folgendes Beispiel: Mein Lusitano Vigoroso hat gerade einmal ein Stockmaß von 150 cm erreicht. Durch seinen mächtig breiten Hals, den er stets in hoher Aufrichtung mit schöner Rundung hält, wirkt er unglaublich viel größer. Hinzu kommt, dass ich zwar einen relativ langen Oberkörper habe, dafür aber haben die Beine im Verhältnis früher aufgehört zu wachsen. So wirken wir beide trotzdem als ein homogenes Paar.

Nathalie Penquitt:

Jeder sollte sich nach persönlicher Zuneigung und Sympathie für ein Pferd entscheiden können, aber alles hat seine Grenzen. Wenn man sich täglich fragen muss, ob man zu schwer für sein

Pferd ist, ist das kein beruhigendes Gefühl. Fühlt man sich seinem Pferd gegenüber oft hilflos, weil es einen deutlich überragt, ist das kein glücklicher Zustand. Ich möchte hier keine genauen Regeln für die Größenverhältnisse aufstellen. Sehr entscheidend sind natürlich auch der Körperbau des Pferdes und die Knochenstärke der Beine. Mit einer guten Portion gesundem Menschenverstand kann jeder ein Gefühl für die passende Größe entwickeln. Dabei sollte man sich auch die Meinung einiger Reiterfreunde einholen, um ein möglichst objektives Bild zu erhalten. Nicht ratsam ist es allerdings, einen eventuellen Pferdeverkäufer um Rat zu fragen.

Gibt es Idealmaße für die Größe, Länge und Breite des Pferdes, die das Reiten erleichtern?

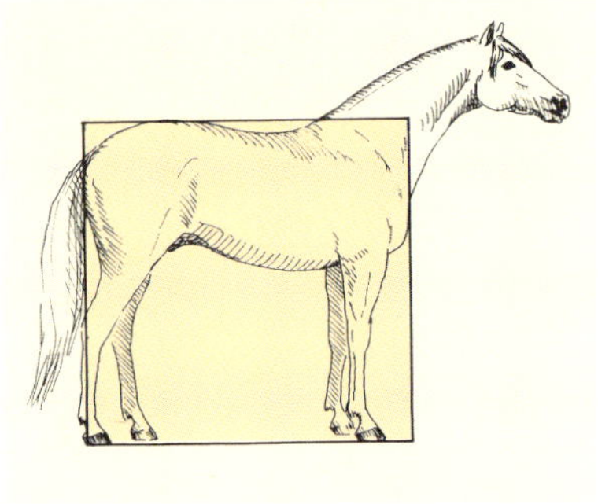

Ein annähernd im Quadratformat stehendes Reitpferd hat wesentliche Vorteile. Es bildet in Höhe (Widerrist) mal Länge (Brust bis Schweifrübe) ein Quadrat. Sein kurzer Rücken kann mehr Last schadlos aufnehmen. Auch treten die Hinterbeine leichter und weiter unter den Körpermittelpunkt.

Claus Penquitt:

Um es gleich zu sagen: Ein festes Idealmaß für das Reitpferd im Allgemeinen, das heißt, das in seinen Abmessungen für jeden Reiter passend ist, gibt es nicht. Das wurde in Bezug auf seine Größe im vorherigen Beitrag anhand von typischen Beispielen ausführlich geklärt.

Es hat sich aber herausgestellt, dass ein Pferd, das sich der Quadratform nähert, sich zum allgemeinen Reiten eher eignet als ein rechteckiges, also längeres Pferd. Letztere wurden eigentlich als Wagenpferde gezüchtet. Dieses also stark rechteckige Pferd ist durch seinen längeren Rücken als Reitpferd allgemein weicher auszusitzen. Dafür ist es aber im Rücken wesentlich empfindlicher und anfälliger als ein Quadratpferd. Wer nicht im konventionellen Turniersport sein höchstes Glück sucht, dem kann ein vielseitigeres und beweglicheres Pferd, also eben ein sich der Quadratform annäherndes Pferd, empfohlen werden.

Ein breiter, voluminöser Pferdeleib braucht nicht nur einen breiteren und längeren Sattelgurt, sondern auch einen Reiter mit einem breiten Becken und längeren Beinen. Vor allem bei zarteren Reiterinnen mit häufig schmalen Becken, und auch bei Reitern, die nicht den Hauch eines Catchertyps verkörpern, kommt bei starken, kräftigen und eben voluminösen Pferden kaum Freude auf. So schön und urgewaltig solche Pferde sind, federndes Schwingen, Leichtigkeit, Lockerheit und die beim Reiten zu wünschende Eleganz kann und sollte auch allgemein nicht erwartet werden.

Die schwereren Kaliber der Haflinger, Norweger und Friesen glänzen dafür, stolz vor den Wagen gespannt, genauso wie die leichteren Typen ihrer Rasse unter dem Sattel. Dazu fallen mir zwei junge Frauen ein, die beide mit ihren Fjordpferden nach zweieinhalb Jahren Wartezeit endlich zu einem Einführungskurs in meine Reitweise zu mir kommen konnten. In der üblichen Vorbesprechung erwähnten sie, nur nach meinem Buch „Die neue Freizeitreiter-Akademie“ ihre Fjordpferde ausgebildet zu haben. Ich war gespannt, mit welchem Erfolg die beiden ohne weitere Hilfe ihr theoretisches Wissen in die Praxis umgesetzt hatten.

Beim ersten Vorreiten sollten Volten um Pylonen geritten werden, die auf der Mittellinie der Bahn im Abstand von acht Schritten aufgestellt waren. Ich war erstaunt, wie sie in vorbildlicher Haltung, das heißt den inneren Zügel leicht vibrierend angenommen und dicht über dem Widerrist gehalten, den äußeren Zügel hingegen etwas nachgebend und tiefer seitlich an den Hals gelegt, die Aufgabe ritten. Ihre innere Schulter hatten die beiden Reiterinnen so weit zurückgenommen, dass ihre Schultern parallel zu denen ihrer Pferde standen. Hierdurch zeigten sie mit ihren Oberkörpern dem Pferd den Weg. Die innere Hüfte hingegen hatten sie leicht vorgeschoben, sodass diese wiederum parallel zu den Hüften des Pferdes stand. Den Oberkörper stets senkrecht gehalten, ritten beide in schöner Harmonie locker und leicht ebenso schöne, kreisrunde Volten.

Hiernach gab es eine Bahnrunde am hingegebenen Zügel. Dann wollten beide mir ihre aus meinem Buch erlernten Seitengänge vorführen. Ich kam aus dem Staunen nicht heraus. Schulterherein, Travers und Traversale wurden schon recht manierlich gezeigt. Beide Pferde gingen mit seitlicher Hohlbiegung zur Bewegungsrichtung im Travers und in der Traversale. Wohlgemerkt, es handelte sich um Fjordpferde. Allerdings waren sie weder großkalibrig noch breit ausladend, sondern eher zierlich.

Nathalie Penquitt:
Im Allgemeinen spricht man von dem Barockpferd, das sich für unsere Reitweise besonders gut eignet, als Quadratpferd. Quadratische Pferde sollen sich gut versammeln lassen und den Reiter leicht tragen können.

Andererseits gibt es die Meinung, längere Pferde ließen sich leichter biegen und hätten weichere Gänge. Bei ihnen besteht aber wiederum die Gefahr, sie könnten einen empfindlicheren Rücken haben. Sowohl das eine als auch das andere Extrem hat seine Nachteile. Insgesamt sollte das Pferd harmonisch wirken, eine runde Kruppe, nicht zu steile Hinterbeine, einen wohlgeformten, weder zu kurzen noch zu tief angesetzten Hals und einen stabilen Rücken haben. Die Größe sollte wie bereits erwähnt zum Reiter passen.

Ich finde es sinnvoll, wenn Reiter und Pferd vom Typ zusammenpassen. Kleine, zierliche Personen können auf einem großen, schweren Pferd verloren wirken und sitzen häufig nicht bequem. Große, schwere Personen erdrücken optisch das elegante Pferd. Haben sie sehr lange Beine, kann es beispielsweise Schwierigkeiten bei den Schenkelhilfen geben.

Aber trotz allem halte ich die Sympathie zwischen Mensch und Pferd für den wichtigsten Faktor.

Auf einen Blick

- Idealmaße für Pferde gibt es nicht.
- Die Größe eines Pferdes ist für seine Reitqualität nicht entscheidend.
- Die Größe eines Pferdes sollte mit der Größe des Reiters harmonieren.
- Pferde, die sich der Quadratform nähern, sind handlicher und im Rücken unempfindlicher als sogenannte Rechteckpferde.
- Zu breitkalibrige Pferde sind für zierliche Personen eher ungeeignet.

Ist ein Reitpferd mit einem ruhigeren Temperament grundsätzlich einem lebhafteren vorzuziehen?

Soll ich mich für einen Vollblutaraber entscheiden oder ist ein Fjordpferd besser zu reiten?

Ist ein Reitpferd mit einem ruhigeren Temperament grundsätzlich einem lebhafteren vorzuziehen?

Claus Penquitt:

Im Unterricht wurde Travers geübt. Jeder Kursteilnehmer sollte eine knappe Bahnlänge diesen Seitengang vorreiten. Jetzt kam Angelika mit ihrem Freiberger an die Reihe. Eigentlich war ihr die Wahl einer Rasse nicht besonders wichtig gewesen. Es sollte vor allem ein unbedingt besonders ruhiges und gelassenes Pferd sein. Eben so, wie sie selbst in ihrer eigenen Mentalität war. Auch Freunde hätten ihr dies angeraten. So war sie nun ihren Wünschen entsprechend an ihr Pferd gekommen.

Das Pferd ging ruhig und ausgeglichen, allerdings recht langsam schräg auf den Hufschlag zu. Es schien wenig an dem interessiert zu sein, was da auf es zukam. Nun sollte es in 30°-Stellung in den Travers gehen. Es blieb aber gelangweilt stehen und hatte keine Meinung zu etwas anderem. Angelika lehnte eine Gerte zum Touchieren ab. Sporen fanden gleichfalls nicht ihre Zustimmung, auch wenn sie mit einem großen Rädchen und stumpfen Zacken, die lediglich zum munter machenden Kitzeln am Pferdeleib gedacht sind, versehen sind (siehe auch Seite 36).

Da half auch ihr übliches Klopfen mit Schenkel und Füßen nichts. Erst nachdem das Pferd mühsam auf dem Hufschlag gerade hingestellt war, konnte ein weiterer, aber gleichfalls vergeblicher Versuch, so in den Travers zu kommen, gestartet werden. Nun musste etwas geschehen. Ich ließ mir eine Gerte geben, ließ diese unter lautem Rufen dicht hinter dem Pferd durch die Luft pfeifen und weckte das bis dahin immer noch völlig gelassen wirkende Pferd unsanft auf. Jetzt kam Leben auf. Es ging sogar in den Trab über und ich mit aufmunterndem treibendem Rufen und verstärkt sausender Gerte hinterher. Obgleich ich das Pferd zu keinem Zeitpunkt berührte, wurde der Trab immer flotter.

Von Trägheit war nichts mehr zu spüren. Nach einer Bahnrunde ging es dann nochmals, aber weiterhin im Trab, in eine große Volte, die am Ende leicht angeschrägt in den ersehnten Travers übergehen sollte. Unter lautem Beifall der zuschauenden Kursteilnehmer ging das Pferd immer noch, sich fleißig bewegend, die Vorbeine kreuzend, im Traversmuster.

Zwar habe ich mich bei dieser Aktion nicht besonders wohlgefühlt, aber als Ausnahme war sie gerechtfertigt. Nach ca. zwanzig Schritten, die es dann auch in den Schritt übergehend und natürlich noch ohne besondere seitliche Biegung im

Travers zurückgelegt hatte, war für dieses Pferd die nun verdiente Mittagspause fällig. So etwa ging's den ganzen Kurs weiter. Meine Laufkondition verbesserte sich zusehends und parallel die des Pferdes. Nur die Gertenhand zitterte abends deutlich sichtbar. Diese Schilderung spricht eigentlich gegen das Pferd. Aber könnte es nicht sein, dass hier vor allem der falsche Reiter auf dem falschen Pferd saß? Ein weiteres Erlebnis wird hierüber Aufschluss geben können.

Erik war ein flotter, lebhafter Typ. Etwas zu lebhaft für meinen Geschmack. Dies meinte ich im Zusammenhang mit dem Umgang mit seinem sehr edlen, hochsensiblen und recht nervös wirkenden Vollblutaraber. Sein zu spätes Kommen sei auf Verladeschwierigkeiten seines Pferdes zurückzuführen gewesen. So wollte er dann auch schnell sein Pferd abladen, was prompt schiefging. Er öffnete die Ladeklappe und entfernte die hintere Stange. Leider hatte er vergessen, das Pferd im Hänger loszubinden. So zerriss dies den Strick, stürmte rückwärts hinaus, fiel auf das Pflaster, sprang wieder auf und rannte im Vorhof umher. Mittlerweile waren die übrigen Kursteilnehmer zur Stelle und fingen das nervös zitternde Pferd ein.

Es gäbe noch viel über die beiden zu berichten, denn die Schilderung ihrer Ankunft war lediglich die Ouvertüre zu dem, was es dann noch im Kurs zu erleben gab. Ich habe dieses bildschöne, edle und hochsensible Pferd einige Male geritten. Es wurde bald aufmerksamer und reagierte dann auf leichteste Hilfen, sofern man ruhig und sanft auch bei missverständlichen Reaktionen des Pferdes blieb. So ist völlig klar, dass nicht das Pferd die Schuld an der Misere trug, vielmehr traf auch hier zu, dass der falsche Reiter das falsche Pferd hatte.

Man sagt, dass Gegensätze sich anziehen würden. Geht es um die Größe eines Pferdes, so mag dies öfter zutreffen, nur leider nicht bei der Auswahl des Pferdes in Bezug auf seine Psyche. Ein temperamentvolles Pferd ist bei einem ruhigen, stillen und gelassenen Reiter sicherlich besser aufgehoben, während eine quirlige, leicht überschäumende Reiterin hiermit ein zum Gegenteil neigendes Pferd anstecken und auf Dauer putzmunter machen kann. Diese Erkenntnis hat sich bei mir im Laufe der Jahre gefestigt.

Nathalie Penquitt:

Diese Frage lässt sich nicht generell beantworten. Es kommt ganz auf den Typ Reiter an. Hat der Reiter viel überschüssige Energie und muss sich oft zur Geduld ermahnen und aufpassen, dass er nicht nervös wird, ist sicher ein ruhigeres Pferd geeigneter. Fühlt sich der Reiter dagegen eher schnell ermüdet, muss er beim Reiten oft stöhnen, weil es ihm zu anstrengend erscheint, und hat er wenig Körperspannung, ist für ihn ein lebhafteres Tier günstiger.

Das junge Fjordpferd geht mit Lena Rahlfs gelassen über die Plane. Pferde jeder Rasse sollten in Ruhe an verschiedene Hindernisse gewöhnt werden.

Ich selbst erlebe es als Reitlehrerin häufig sehr deutlich mit, welchem Pferd eher Energie gegeben werden muss und welches über Energie im Überschuss verfügt. Pferde, die im Unterricht viel getrieben werden müssen, verbrauchen meine Energie mit. Ich fühle mich dann nach der Unterrichtsstunde, als hätte ich körperlich gearbeitet. Lebhafte oder auch mal nervöse Pferde erzeugen dieses Gefühl nicht. Sie fordern dagegen ständige geistige Präsenz. Beide Pferdetypen haben so ihre Vor- und Nachteile und sind für verschiedene Disziplinen unterschiedlich geeignet. Ich denke aber, man sollte jedes Pferd in jede Richtung fördern, um einen vielseitigen, ausgeglichenen Partner zu erhalten.

Soll ich mich für einen Vollblutaraber entscheiden oder ist ein Fjordpferd besser zu reiten?

Claus Penquitt:

Eigentlich wurde die Antwort bereits im vorhergehenden Beispiel gegeben. Aber zur Verdeutlichung, dass hier keine pauschale Antwort möglich ist, sondern einzig und allein die Mentalität des Fragenden entscheidend sein dürfte, hier noch eine Erlebnisschilderung aus meiner Praxis.

Ein neuer Kurs sollte beginnen. Erwartungsvoll ging ich auf die Gruppe der in der Reitanlage mit ihren Pferden versammelten Kursteilnehmern zu, als plötzlich ein graues Etwas auf mich zuschoss. Nur die Angst beflügelte mich zu einem rettenden, blitzschnellen, rekordverdächtigen Sprung zur Seite. An mir vorbei raste, wie sich dann herausstellte, eine kleine Vollblutaraberstute. Ihre recht kleine Reiterin ritt ihr Pferd dann zur Gruppe zurück und versuchte das mit seinen Vorderfüßen wild trommelnde und herumtanzende Pferd einzuordnen. Allerdings gelang ihr dieses Vorhaben trotz wiederholter Versuche nicht, vielmehr hatte ihr Pferd erreicht, die Gruppe über die gesamte Reitbahn zu verteilen.

Da kommt beim Kursleiter Freude auf, zumal diese Begrüßungseinlage kein Einzelfall bleiben sollte. Im Interesse der Kursteilnehmer musste ich eine Entscheidung treffen. Obgleich diese ja erheblich gestört wurden, wollten sie dies in Kauf nehmen und plädierten dafür, den Störenfried im Kurs zu belassen, zumal die Reiterin bei noch so turbulenten Szenen Gelassenheit und Besonnenheit ausstrahlte.

Mit gemischten Gefühlen hörte ich mir ein Dreivierteljahr später die Bewerbung dieser Schülerin an, die wieder mit ihrem gleichen Pferd an einem Kurs teilnehmen wollte. Der gleiche Vorjahreskurs hatte sich geschlossen wieder angemeldet. Ich ließ mich überreden und wir erlebten dann ein Wunder. Aus dem kleinen grauen Teufel war ein disziplinierter Araber geworden, der die präzisen und mit ruhiger Gelassenheit erteilten Hilfen seiner Reiterin ebenso befolgte.

Nur hin und wieder mal, das heißt, wenn er abgelenkt war und dadurch etwas nicht richtig verstand, wurde er noch zappe-

lig. Mit gelassener Konsequenz hatte seine Reiterin ihn jedoch bald wieder diszipliniert. Schließlich kam das Kursende, und jeder Teilnehmer führte noch einige Lektionen, die er nun besonders gut beherrschte, vor. Zum Schluss kam der kleine graue Araber. Das, was wir dann vorgeführt bekamen, ließ unsere Münder offen stehen. Es war ein ausgelassener Tanz, was wir nun erlebten. Zirkel, Volten, Schulterherein, Travers und Traversalen, alles hübsch zu einem bunten Bild zusammengefügt. Die Überraschung war überwältigend.

Nathalie Penquitt:

Jetzt kommt es darauf an, wie gut man sich selbst einschätzen kann. Außerdem ist es häufig so, dass gerade die heißblütigeren Menschen auch ebensolche Pferde bevorzugen. Die ruhigen Vertreter wollen auch ein gemütliches Pferd an ihrer Seite. Nun kann man nicht immer alles mit Vernunft entscheiden. Was sinnvoll wäre, liegt auf der Hand, aber vielleicht ist es auch ein besonderer Reiz für den engagierten Reiter, über seinen Schatten zu springen und auf das Pferd gerade das auszustrahlen, was dem Pferd fehlt.

Unabhängig davon meine ich, gibt es in jeder Rasse solche und solche Charaktere. Sicher gibt es Tendenzen, aber letztlich muss jedes Individuum einzeln beurteilt werden. Dazu kommt noch, dass die jeweilige Vorgeschichte eines Pferdes eine große Rolle spielt. Ein hektisches und zappeliges Pferd kann bei dem passenden Reiter zu einem sensiblen und leistungsbereiten Partner werden. Vielleicht ist es vorher nur unsachgemäß gehalten, falsch gefüttert oder zu grob behandelt worden. Kleine Veränderungen bewirken oft ein völlig anderes Verhalten des Pferdes.

1 Der temperamentvolle, leicht erregbare Anglo-Araber kann Birgit Lehmann nicht aus der Ruhe bringen.

2 Das rassebedingt ausgeglichene Wesen des Fjordpferdes bewährt sich bei kniffligen Geschicklichkeitsaufgaben. Hier darf Ramona Rosendahl vom Öffnen bis zum Schließen das Tor zu keiner Zeit loslassen.

Auf einen Blick

- Die Wahl eines Pferdes sollte von der Mentalität von Pferd und Reiter bestimmt sein.
- Ausgeglichene und gelassene Menschen können im Allgemeinen mit temperamentvollen Pferden sehr gut umgehen.
- Impulsiv handelnde und temperamentvolle Menschen hingegen können ein zur Trägheit neigendes Pferd recht munter und aufmerksam machen.
- Die Rasse eines Pferdes ist aber nicht unbedingt für rassetypische Eigenschaften verbindlich.

Wenn ich mir ein Pferd anschaffen möchte, sollte es schon eine Grundausbildung haben, oder ist es besser, ein „rohes" zu nehmen?

Ist es nicht eine wunderbare Aufgabe, ein „rohes" Pferd für sich selbst auszubilden, auch wenn man erst wenige Reiterfahrungen hat?

Wenn ich mir ein Pferd anschaffen möchte, sollte es schon eine Grundausbildung haben, oder ist es besser, ein „rohes" zu nehmen?

Claus Penquitt:
„Endlich war es so weit", schilderte mir eine Schülerin. „Ich hatte mich entschlossen, mir ein eigenes Pferd zu kaufen. Pferdekauf sei eine schwierige Vertrauenssache, so sagte man mir, und man könne nicht vorsichtig genug sein. Hier sei gesundes Misstrauen unbedingt angebracht. Die Liebe auf den ersten Blick mit einer blitzschnellen Entscheidung hätte so manchem einen lang anhaltenden Donner beschert. Mit diesen Ratschlägen, die ich eigentlich nicht brauchte, zog ich nun, mit interessanten Inseraten und Empfehlungen versorgt, über Land zu den Stallungen, in denen Pferde zum Verkauf angeboten waren. Was ich dabei erlebte, könnte allein ein Buch füllen. Es wurde oftmals schamlos gemogelt.

Verschiedentlich war es unglaublich deprimierend. Da standen Pferde in dunklen, nahezu lichtlosen Boxen, in denen der Mist so hoch lag, dass die Pferde oben über die Boxengitter hinweg ihren Kopf halten konnten. Die Futterkrippen waren im Mist fast verschwunden. Als Wintermatratze wurde mir der in den Boxen stinkende, meterhoch liegende Mist erklärt, von dem das Pferd nur mit einem Satz hinunter in den Stallgang gelangen konnte.

Solche und ähnliche Erlebnisse bremsten meinen anfänglichen Schwung bei der Suche nach einem für mich geeigneten eigenen Pferd. Es sollte nicht in der Box, sondern auf großen Weiden und möglichst in einer Herde herumtollend gehalten worden sein. Etliche der Pferdeanbieter, die meine Wünsche bereits kannten und mir versichert hatten, ihre Pferde grundsätzlich so aufzuziehen und zu halten, hatten mich, wie sich herausstellte, belogen.

Endlich fand ich mein Traumpferd. Alles stimmte meinen Wünschen entsprechend, bis auf die Tatsache, dass es noch nie einen Sattel getragen hatte. Es war noch nicht angeritten. Man konnte es mir nur am Halfter vorführen, mehr nicht. Auch irgendwelche Bodenarbeit war mit dem Pferd nicht geübt worden. Sollte ich nun vielleicht die Katze im Sack kaufen? Was war, wenn sich beim Einreiten negative Dinge herausstellten, mit denen ich vielleicht nicht zurechtkommen könnte? Dass so etwas sehr realistisch war, hatte ich auch schon gehört. Eine Rückgabe des Pferdes an den Verkäufer wäre auch in meinem

Fall chancenlos, denn späteres Nichtgefallen war hierfür keine gute Begründung. All das brauchte zwar nicht einzutreten, aber es war immerhin möglich. Ich wollte aber kein Risiko eingehen. Das konnte ich mir allein schon aus finanziellen Gründen nicht leisten. Also suchte ich weiter.

Schließlich fand ich dann ein anderes Pferd, das gleichfalls meinen Vorstellungen entsprach und schon angeritten war. So konnte ich es mir vorreiten lassen, was ich als ausschlaggebend für meine Kaufentscheidung empfand. Als auch mein kurzes Probereiten zufriedenstellend verlief, war ich überglücklich. Ich fühlte mich wohl bei dem Gedanken, so und nicht anders gehandelt zu haben, und tue es heute noch."

Dieser Meinung konnte ich mich inhaltlich voll anschließen, da mir immer wieder Fälle bekannt werden, wo ein recht unüberlegtes Verhalten beim Pferdekauf zu bitteren Enttäuschungen geführt hatte. – So weit der Bericht einer Kursteilnehmerin bei einer abendlichen Gesprächsrunde.

Die Liebe auf den ersten Blick wird häufig durch ein bezauberndes Fohlen ausgelöst. Vor dem emotional gesteuerten Kauf eines Fohlens oder ungerittenen Jungpferdes, ohne die dafür erforderliche Erfahrung zu besitzen, kann nur immer wieder gewarnt werden.

Nathalie Penquitt:

Es ist eine schwierige Aufgabe, ein ungerittenes Pferd bezüglich seiner Reiteigenschaften zu beurteilen. Dazu gehört sehr viel Erfahrung und auch eine ordentliche Portion Glück. Schwer lässt sich ausprobieren, wie sich das Pferd bei Ausritten verhalten könnte, ob es in der Bahn leichtrittig und sensibel locker vorwärtsgeht oder wie angenehm der Trab zu sitzen wäre. Entscheide ich mich für ein bereits gerittenes Pferd, kann das alles getestet werden. Einem unerfahrenen Reiter würde ich immer zu dieser Variante raten.

Allerdings ist das Prädikat „eingeritten" keinesfalls die Garantie für einen guten Ausbildungsstand. Vielleicht ist das Pferd schlecht geritten und hat kein Vertrauen zum Reiter oder es ist extrem abgestumpft. Das kann eventuell genauso viel oder gar noch mehr Arbeit bedeuten wie die Ausbildung eines jungen Pferdes. Es hat nur den Vorteil, dass sich die Art des Pferdes besser einschätzen lässt. Dem weniger geübten Reiter empfehle ich immer ein Pferd, mit dem er zunächst auf Anhieb klarkommt. Das heißt nicht, dass das Pferd besondere Lektionen können oder irgendwelche Erfolge vorweisen sollte. Erfreulich wäre ein angenehmes Gefühl beim Aufsteigen und Losreiten. Dazulernen können beide dann immer noch. Sie erleben aber einen Start ohne Frustration.

Ist es nicht eine wunderbare Aufgabe, ein „rohes" Pferd für sich selbst auszubilden, auch wenn man erst wenige Reiterfahrungen hat?

Claus Penquitt:

Eine ähnliche Frage hatte ich bereits zu beantworten gehabt. Zu dieser Fragestellung fiel mir Sibylle ein. Ihre Geschichte war schlimm, eine wahre Odyssee. Ein typisches Beispiel dafür, wie Unwissenheit, Selbstüberschätzung, Naivität und vor allem Inkonsequenz im Umgang mit Pferden zum Chaos führen können. Hier wieder herauszukommen, kostet in der Regel eine längere Zeit mit meistens viel Schweiß, Tränen, Enttäuschungen, finanziellen Entbehrungen und schließlich dem bislang gefehlten konsequenten Willen, um aus diesem Schlamassel, wenn auch spät, zu lernen und die gewonnenen Erkenntnisse mit aller Konsequenz umzusetzen.

In den meisten Fällen aber enden solche Tragödien mit dem Verkauf des Pferdes oder, wenn es die finanziellen Mittel erlauben, mit einer längeren Korrekturarbeit und Grundausbildung durch eine professionelle Trainerin bzw. einen Trainer.

Sibylle war vor drei Jahren zum ersten Mal zu mir in die Freizeitreit-Akademie® gekommen und mir durch ihre vorbildliche Haltung auf ihrem Pferd in jeder Situation aufgefallen. Es machte Spaß, die beiden fortzubilden. Pferd und Reiterin hatten keine Kommunikationsschwierigkeiten. Verstand aber das Pferd einmal eine Hilfe zu einer neuen Lektion nicht, so blieb es einfach stehen. Dann brach Sibylle die Übung ab und versuchte diese Lektion zu einem späteren Zeitpunkt erneut. Mit etwas deutlicheren Hilfen klappte es dann sofort. Ihr überlegtes, ruhiges, aber konsequentes Handeln war nicht nur mir aufgefallen. Der häufige spontane Beifall der übrigen Kursteilnehmer zeigte es. Meistens winkte sie dann ab mit der Bemerkung, später hierzu etwas erklären zu wollen, was sie dann auch tat.

Es war in einer abendlichen Gesprächsrunde, als Sibylle endlich ihr Versprechen einlöste. „Reiten“, so begann sie, „habe ich im Reitstall auf Schulpferden in der Gruppe angefangen. Später wurde mir dann eine Reitbeteiligung angeboten. Die Besitzerin des Pferdes gab mir auch Reittipps, was sie Unterricht nannte. Durch viele Meinungsverschiedenheiten ging die Zweisamkeit aber bald in die Brüche. Um es kurz zu machen: Ich suchte und fand ein für mich wohl passendes eigenes Pferd. Ich ließ es mir im Trab an der Hand vorführen und war begeistert. Eigentlich war es für meine Verhältnisse viel zu teuer, aber ich wollte es unbedingt haben. So brachte mir der Züchter das Pferd zum Reitstall, in dem ich auf Schulpferden geritten war, und wünschte mir viel Glück. Das taten auch alle anderen, die dort anwesend waren.

Ich hatte mir viel vorgenommen. Mein Pferd sollte anders als wohl üblich ausgebildet werden. Ich wollte es sozusagen antiautoritär, das heißt, nichts gegen seinen Willen zu fordern, sondern es nur mit geduldigem Verständnis und Liebe ausbilden. Leider wusste ich noch nicht so recht wie. Ich hatte weder eine gute reiterliche Ausbildung, geschweige denn Erfahrungen, wie man einem Pferd das Wissen und Können, um später zu einem guten Reitpferd zu werden, vermittelt.

In dem in meiner Nähe gelegenen Reitstall gab es außer den üblichen Gitterboxen für mein Pferd keine Auslaufmöglichkeit oder etwa Weide. Zunächst wollte ich daher jeden Abend mit ihm spazieren gehen und später dann mit dem Longieren anfangen. Am Reitstall empfing man mich nicht gerade sehr freundlich. Als die anderen Pferde zum Schulunterricht aus dem Stall geführt wurden, sei mein Pferd völlig durchgedreht und hätte in der Box herumgetobt. Es habe sich einige Schrammen am Kopf eingehandelt. Beim Versuch der Reitlehrerin, diese näher zu untersuchen, sei sie umgerannt worden. Ich ging mit dem Halfter in die Box, um mein Pferd herauszuführen, aber dazu kam ich nicht mehr.

Mein Pferd stieß mich zur Seite und stürmte durch die von mir leider offen gelassene Boxentür in den Stallgang und ins Freie. Gott sei Dank war das Hoftor zur Straße geschlossen. Mithilfe anderer gelang es dann schließlich, das herumtobende, klatschnasse Pferd einzufangen und wieder in die Box zu bringen. Nachdem sich mein Pferd bei unseren Spaziergängen mehrmals vor belanglosen Dingen scheuend von mir losgerissen hatte und zum Stall zurückgelaufen war, wurden die mir erteilten Ratschläge für den Umgang mit dem Pferd immer gröber. Auch meine Longierversuche endeten meistens in einer Katastrophe. Ich war verzweifelt.

Schließlich sagte einer laut, was viele dort bereits seit Längerem dachten. Ich sollte endlich Schluss machen mit dem Verhätscheln des Pferdes. Es wäre dringend an der Zeit, ihm eine tüchtige „Abreibung“ zu verpassen. Er hätte seine Erfahrungen

Pferde brauchen Licht, Luft und Gesellschaft. Aber immer noch müssen viele in Einzelhaft und tageslichtlosen, stinkenden Boxen rund um die Uhr dahinvegetieren.

mit solchen Pferden und würde das übernehmen. Da flossen bei mir die Tränen. Gerade im rechten Moment kam eine schon ältere Reiterin und erzählte mir von ihren früheren Problemen. Im Grunde hatte sie den gleichen Wunsch gehabt wie ich. Auch sie wollte ohne die erforderliche Erfahrung ihr Pferd gleich von Anfang an selbst nach ihren eigenen Wunschvorstellungen ausbilden, sei aber damit gescheitert.

Durch einen glücklichen Zufall habe sie auf einer Pferdemesse die Reitvorführung einer Ausbilderin, die eine Pferdeschule besitzt, erlebt und wäre begeistert gewesen. Drei Monate lang dauerte dann dort die Ausbildung ihres Pferdes. An den Wochenenden habe sie ihr Pferd besucht und begleitenden Unterricht erhalten. Die letzten acht Tage hielt sie sich zum Unterricht und zur Einweisung auf ihrem Pferd dort auf. – Um es kurz zu machen. Fünf Wochen nach diesem Gespräch wohnte mein Pferd für drei Monate in derselben Pferdeschule und ich bekam den gleichen geschilderten Begleitunterricht. Das Ergebnis erlebt ihr ja nun hier jeden Tag.“ Und nun kamen ihr wieder ein paar Tränen, aber diesmal waren es endlich glückliche.

Nachzutragen wäre noch eine Erklärung zum geschilderten Verhalten des Pferdes, indem es täglich meistens zweiundzwanzig Stunden in einer Gitterbox vor sich hin brüten musste. War es doch vorher nur Offenstallhaltung, Auslauf und Weide gewöhnt. Auf einem stillgelegten Bauernhof konnte Sibylle ihm dann endlich wieder Gleiches bieten.

Der vierjährige Shagya-Araber Djaszlo hier während seiner ersten Wochen unter dem Sattel. Er geht aufmerksam und locker am anfangs stets lockeren Zügel.

Nathalie Penquitt:
Es kommt immer wieder vor, dass der Reitanfänger an ein ungerittenes Pferd gerät. Vielleicht war es Liebe auf den ersten Blick, der Versuch zu sparen oder einfach ein sehr geschickter Verkäufer. Günstig ist diese Konstellation allerdings nicht. Was der Reiter selbst nicht kann, wird er auch dem jungen Pferd viel schwerer vermitteln können, als wenn er es bereits mit anderen Pferden geübt hätte.

Nicht immer entscheidet aber nur die Vernunft. Plötzlich läuft einem das Traumpferd über den Weg und es ist noch nicht geritten, oder das Mitleid hat eine Entscheidung herbeigeführt und man musste das schwierige, ungeliebte Pferd einfach retten. Dann sollte man sich nicht scheuen, professionelle Hilfe in Anspruch zu nehmen. Soweit wie möglich sollte der Besitzer dann aber immer in die Ausbildung seines Pferdes miteinbezogen werden. So kann er verfolgen, ob die Ausbildung in seinem Sinne verläuft, und gleichzeitig mit seinem Pferd lernen.

Wirtschaftlich gesehen lohnt es sich meist nicht, ein ungerittenes Pferd zu kaufen, wenn man Hilfe bei der Ausbildung benötigt. Es ist dann eher ein ideeller Wert, die Entwicklung seines Pferdes zu verfolgen und jeden Fortschritt zu erleben.

Natürlich gibt es auch immer wieder Glücksfälle oder Naturtalente, bei denen die Verständigung einfach funktioniert. Das gemeinsame Lernen lässt Pferd und Mensch dann besonders intensiv zusammenwachsen.

Auf einen Blick

Welche Vorteile hat es, ein „rohes" Pferd zu kaufen?

- Der Anschaffungspreis ist günstiger.
- Man kann sein Pferd mittels Bodenarbeit auf das Einreiten vorbereiten.
- Das Einreiten kann nach eigenen Überlegungen und ohne (Zeit-)Druck erfolgen.

Ist es besser, ein eingerittenes Pferd zu kaufen?

- Man kauft nicht die berüchtigte „Katze im Sack".
- Man kann das Pferd selbst zur Probe reiten.
- Wenn man selbst noch nicht genügend Reitkenntnisse hat, kann man sich das Pferd vorreiten lassen.

Soll ich mein fast rohes Pferd selbst ausbilden?

- Habe ich genügend Reiterfahrungen? Dann könnte ich es selbst ausbilden.
- Vorsicht bei der Selbsteinschätzung des eigenen Könnens und der Erfahrung, es könnte in einer Katastrophe enden.

Welche Lektionen können vom Boden aus geschult werden, bevor man sie reitet?

Kann die Bodenschule das Einreiten sinnvoll vorbereiten?

Welche Lektionen können vom Boden aus geschult werden, bevor man sie reitet?

Claus Penquitt:
Helga hatte als Achtjährige mit dem Reiten angefangen. Ihre Begeisterung für das Reiten wurde dann nach dem Studium durch Familiengründung und Umzug jäh gebremst. Doch schenkte man ihr ein zweieinhalb Jahre altes Pferd, und nun saß sie bei mir mit anderen Wissbegierigen in der Freizeitreit-Akademie® als Kursteilnehmerin auf der Zuschauerbank und beneidete mit heißen Ohren die mit ihren Pferden lernenden Teilnehmer. In einem Pausengespräch erklärte sie, in etwa einem Jahr, wenn ihr Pferd das entsprechende Alter habe, wieder mit dem Reiten anfangen zu wollen. Nun stellte sich für sie die Frage, ob und was sie Sinnvolles in der Zwischenzeit mit ihrem Pferd machen könnte.

Nun ja, natürlich eine intensive Bodenarbeit, die das anschließende Einreiten des Pferdes unglaublich unterstützt, halte ich für nahezu unerlässlich. Meine Tochter Nathalie hat in Sachen Bodenarbeit mit dem Pferd nicht nur große Erfahrungen, sondern hierzu auch ein mit großem Erfolg angenommenes Buch geschrieben.

Nathalie Penquitt:
Es gibt sehr viele Übungen, die gut vom Boden aus geübt werden können, bevor man sie reitet. Dabei unterscheide ich verschiedene Bereiche in der Bodenarbeit. Es gibt einmal grundlegende Regeln des guten Benehmens des Pferdes, die es beim Führen, Halten, Rückwärtsgehen beherrschen sollte, um einen angenehmen Umgang mit ihm zu ermöglichen. Keiner möchte sich gern den Strick durch die Hände ziehen lassen, ständig Angst um seine Füße haben oder sein Pferd wie einen Schrank durch die Gegend schieben. Wir wollen uns jetzt speziell mit Übungen beschäftigen, die das Reiten sinnvoll ergänzen oder vorbereiten.

Besonders das Schulterherein ist eine Lektion, die an der Hand optimal vorbereitet werden kann. Das Pferd lernt, sich ohne Reitergewicht in der gewünschten Weise fortzubewegen. Das fällt ihm zunächst wesentlich leichter. Dazu kommt, dass auch nicht jeder Reiter das Schulterherein so perfekt beherrscht, dass er sein Pferd nicht stört, wenn es unsicher wird. Kann der Mensch vom Boden aus das Schulterherein beobachten, verbessert sich sein Verständnis für diese Lektion. Zwar muss auch das Schulterherein an der Hand geübt sein, aber dafür ist weniger Erfahrung und Körpergefühl notwendig als im Sattel.

Die junge Kaltbluttraberstute Lukka lernt bereits an der Hand Geschicklichkeit und ein besseres Körpergefühl beim Überqueren des Walls.

Ebenso verhält es sich mit Hinterhand- oder Vorhandwendungen. Sie können gut vom Boden aus geübt werden. Kennt das Pferd dann vielleicht auch noch ein Stimmkommando zu jeder Lektion, können diese, aus dem Sattel angewendet, zur besseren Verständigung beitragen.

Weiterhin lassen sich viele Geschicklichkeitsaufgaben auch hervorragend an der Hand vorbereiten. Hindernisse, bei denen das Pferd über Stangen treten muss oder durch Gassen rückwärtsgehen, fallen wesentlich leichter, hat man sie an der Hand geübt. Dadurch, dass der Mensch besser sieht, wo das Pferd hintritt, reagiert er oft schneller und präziser. Kennt das Pferd dann die Aufgabe, funktioniert sie geritten reibungsloser.

Soll das Pferd Hindernisse überqueren, vor denen es sich fürchtet, hilft ein Mensch, der vorweggeht. Der nächste Schritt ist dann das Überwinden des Hindernisses unter dem Sattel. Oft fühlt sich auch der Reiter wohler, wenn er bereits weiß, wie sich sein Pferd in der Situation verhält.

Kann die Bodenschule das Einreiten sinnvoll vorbereiten?

Nathalie Penquitt:
Gerade das ungerittene Pferd sollte mithilfe intensiver Bodenarbeit optimal vorbereitet werden. So erspart man sich viele Schwierigkeiten und löst die Probleme, bevor sie überhaupt entstehen.

Das Schulterherein an der Hand bereitet Lukka auf diese Lektion unter dem Sattel vor und verbessert ihre Beweglichkeit aber auch den Gehorsam auf die Hilfen.

Auf einen Blick

- Viele Lektionen kann man dem Pferd vom Boden aus leichter vermitteln. Auch dem Reiter fallen sie so häufig leichter.
- Bei der Bodenarbeit kann das untrainierte Pferd nicht durch einen Reiter aus dem Gleichgewicht gebracht werden.
- Das Pferd kann sich an dem Menschen orientieren.
- Junge Pferde kann man mithilfe der Bodenarbeit auf die Reiterhilfen vorbereiten.

Setze ich mich dann das erste Mal in den Sattel eines rohen Pferdes, kennt es bereits viele Anweisungen von mir vom Boden aus. Es sollte gut an den Sattel im Schritt und Trab gewöhnt sein. Das Akzeptieren und Verstehen der Trense habe ich bereits geübt, während ich neben dem Pferd hergehe. Das Gleichgewicht kann mittels Seitwärtsbewegungen in Form von Schulterherein trainiert werden.

Kennt das Pferd meine Stimme und ist es gewöhnt, meinen Anweisungen zu folgen, wird das auch sein Verhalten beim Reiten angenehm beeinflussen.

Genauso ist es mit dem Einsatz der Gerte. Das Pferd sollte lernen, der Gerte zu weichen. Dabei muss sie so eingesetzt werden, dass das Pferd keine Angst vor ihr bekommt, das heißt, immer wenn die gewünschte Reaktion erfolgt, lässt der Druck sofort nach und das Pferd wird gelobt. Kennt das junge Pferd dann die Gerte, kann ich sie auch aus dem Sattel heraus einsetzen. Das erleichtert es, die Bedeutung des Schenkeldrucks zu erklären. Das Treiben von Schenkel und Gerte wird immer kombiniert, bis das Pferd weiß, was gemeint ist.

Vieles, das wir für selbstverständlich halten, wenn wir immer nur Pferde reiten, die bereits länger unter dem Sattel sind, muss dem jungen Pferd erst ganz in Ruhe in kleinen Schritten erklärt werden.

Fragen zur Ausrüstung

Fragen zur Ausrüstung

▸ Sind gebisslose Zäumungen empfehlenswert?

Eignen sich gebisslose Zäumungen zur Grundausbildung?
Kappzaum und Bosal – etwas für jedermann?

Sind gebisslose Zäumungen empfehlenswert?

Claus Penquitt:
Mit Ja oder Nein lässt sich diese Frage nicht beantworten. Da gibt es gebisslose Zäumungen, die keineswegs zu empfehlen, ja sogar unbedingt abzulehnen sind, wie bei Systemen, die auf Zügelzug das Pferdemaul zusammenpressen. Noch schlimmer sind Konstruktionen wie die „mechanische Hackamore", durch die Verletzungen am und im Maul des Pferdes nicht ausgeschlossen werden können. Zum anderen ist der Anwendungsbereich einer gebisslosen Zäumung begrenzter, als viele glauben.

Eignen sich gebisslose Zäumungen zur Grundausbildung?

Claus Penquitt:
Wer meint, er könne sein Pferd risikolos in dieser Art aus- und fortbilden, ja, stets und ständig auch so reiten, kann irgendwann in einer Sackgasse enden oder Schlimmeres erleben.

Gilt es doch als eine alte gesicherte Erkenntnis, dass ein Pferd aufgrund seines Körperbaues nicht geeignet ist, die punktuelle und instabile Belastung durch das Gewicht eines Menschen, ohne Schaden zu nehmen, auf Dauer zu ertragen.

Um dem entgegenzuwirken, muss es in einem genügenden Umfang gymnastiziert werden. Mit einfachem „Geradeausreiten" am hingegebenen Zügel ist es aber nicht getan. Auf Dauer bekommt dies weder dem Rücken noch den Vorderbeinen des Pferdes. Es fehlen die ganzheitlich wirkenden gymnastizierenden Lektionen, die letztlich auch das bewirken, was unter Versammlung zu verstehen ist. Über deren Sinn und Nutzen wird an anderer Stelle zu berichten sein (siehe Seite 118).

Dass man mit einer gebisslosen Zäumung eine vernünftige Grundausbildung des Pferdes erreichen könnte, ist nicht wahrscheinlich. Auch die Fortbildung in den zur Gymnastizierung des Pferdes unerlässlichen Lektionen ist keinesfalls auf Dauer möglich. Wer also glaubt, mit solch einer Zäumung in humaner Art und Weise seinem Pferd auf Dauer etwas Gutes zu tun, der erweist ihm in den meisten Fällen einen Bärendienst.

Nathalie Penquitt:
Bevor man auf eine gebisslose Zäumung umsteigt, sollte das Pferd einige Grundvoraussetzungen erfüllen. Es sollte sich problemlos nach beiden Seiten biegen lassen. Um das zu trainieren eignet sich in den meisten Fällen eine dünne, maulgerecht geformte Wassertrense sehr gut. Einige Pferde bevorzugen aber auch ein doppelt gebrochenes Gebiss. Es empfiehlt sich beides auszuprobieren und dann zu entscheiden.

Weiterhin sollte das Pferd bereits gelernt haben, nachzugeben und sich zu entspannen und den Kopf bei lockerem Hals zu senken. So vorbereitet, kann gut des Öfteren auf ein Gebiss verzichtet werden.

Hin und wieder ist aber auch sinnvoll oder sogar notwendig, sofort auf das Gebiss zu verzichten, ohne das Pferd optimal vorbereitet zu haben. Die Gründe können Zahnprobleme sein. Die sogenannten Wolfszähne, die es nicht bei allen Pferden gibt, stören häufig die Lage des Gebisses im Maul. Dann sollten sie entfernt werden. Übergangsweise bietet man dem Pferd eine Erholungsphase ohne Gebiss, damit es nicht sauer wird, weil es womöglich Schmerzen hat.

Oft kommt es aber auch vor, dass ein Pferd durch reiterliche Fehler unwillig geworden ist, ständig das Maul aufsperrt oder die Zunge über das Gebiss nimmt. Auch durch grobes Einfahren vor der Kutsche kann es zu diesem Verhalten kommen. Dann ist es durchaus sinnvoll, eine gebisslose Pause einzulegen, um diese Verhaltensmuster zu durchbrechen.

Kappzaum und Bosal – etwas für jedermann?

Claus Penquitt:
Wer viel Pferdeverstand hat und über entsprechende Sachkunde verfügt, in dessen Händen kann ein Kappzaum für das Longieren und Einreiten eines Pferdes das ideale Instrument sein. Wenn zwischendurch, aus welchen Gründen auch immer, gebisslos geritten werden soll, dann ist auch das Vosal zu akzeptieren. Mit dieser einfachen Konstruktion kann dem Pferd im Gegensatz zur mechanischen Hackamore kein Schaden zugefügt werden.

Bei der mechanischen Hackamore bewirkt der Zügelzug über einen Hebelmechanismus ein Einklemmen des Pferdemauls zwischen Nasenteil und Kinnverschnallung. Dies kann für ein Pferd, das nicht auf Stimme in jeder Situation anzuhalten vermag, recht schmerzhaft werden. Bei seitlichem Zug an

Ein gut angepasster Kappzaum kann bei der Ausbildung gute Dienste leisten.

Sind Pferd und Reiter entsprechend ausgebildet, kann das Bosal von Liebhabern auf Spazier-, Wander- oder Distanzritten eingesetzt werden.

den Hebeln sind durch die Metallteile der Konstruktion sogar im Maul Quetschungen des Zahnfleisches vorgekommen.

Auch ein von den Verfechtern der gebisslosen Zäumung viel gelobtes spezielles Reithalfter, das auf Zug ein Einschnüren des Pferdemauls bewirkt, ist auf jeden Fall abzulehnen, was auch mein Pferd bei einem Test tat.

Hingegen ist die originale Hackamore, also das Bosal, in den Händen eines Könners und mit einem entsprechend hierzu talentierten Pferd ein Leckerbissen. Die originale Hackamore wurde in Kalifornien, angeregt durch die nach dort gebrachte spanische Reitweise, entwickelt. Nach der Grundausbildung und vor dem Wechsel zur Kandare wäre es ideal, diese Zäumung, natürlich nur vorübergehend, einzusetzen.

Das Pferd lässt sich zu diesem Zeitpunkt mittels Snaffle Bit (amerikanische spezielle Wassertrense) vollauf genügend seitlich biegen. Jetzt kann es von einem wirklichen Könner eine Zeit lang für eine Sensibilisierung in feinster Art und Weise, mit der originalen Hackamore gezäumt, fortgebildet und so auf die Kandare vorbereitet werden. Allerdings kostet so ein aus feinen Rohlederstreifen geflochtener Traum und die dazugehörige „Mecate" – ein ca. sieben Meter langer Strick aus Pferdehaar als Zügel und Führstrick geknotet – leider einiges.

Vor Anschaffung einer solchen Zäumung sollten Sie sich in jeder Beziehung eingehend sachkundig machen. Das ist für die Wahl einer der vielen Ausführungen des Bosals unbedingt erforderlich. Ob allerdings das Pferd für diese Zäumung überhaupt geeignet ist, werden Sie erst einige Zeit später merken. Ferner gehört auch Talent dazu, das Bosal in einer besonderen Prozedur zu formen. Es muss nämlich individuell dem Pferdekopf angepasst werden. Schließlich ist ein Reiten erforderlich, das auf diese Zäumung besonders abgestimmt sein muss.

Vorsicht aber vor Billigangeboten: Sie können erheblichen Schaden anrichten und machen womöglich die Feinheit der Hilfengebung zunichte. Auf keinen Fall darf ein Bosal in seinem Innenleben eine Drahtseele aufweisen. Wird Ihnen zugesichert, dass hier ausschließlich Leder verwendet wurde, so müssen Sie großes Vertrauen zum Verkäufer haben können. Denn nur wer wirklich fachlich qualifiziert ist, kann dies beurteilen.

Nathalie Penquitt:

Gebisslose Zäumungen gibt es sehr viele auf dem Markt. Eine davon halte ich für sehr gut verwendbar, und zwar das bereits erwähnte Vosal. Viele unserer Pferde zeigen sämtliche Lektionen aus ihrem Repertoire mindestens genauso gut mit dem Vosal wie mit einer Kandare. Dabei machen sie einen sehr zufriedenen Eindruck. Der Reitschüler lernt zügelunabhängiger zu lenken, wenn er die feine, leichte Verbindung mit dem

Der erfahrene Chief lässt sich gut mit dem Vosal reiten, aber Vorsicht: Einige Versicherungen haften unsinnigerweise nicht bei Unfällen mit gebisslosen Zäumungen im Gelände!

Vosal spürt. Man muss allerdings sagen, dass nicht jedes Pferd gleich gut für das Reiten mit dem Vosal geeignet ist, aber das trifft auch bei anderen Zäumungen zu.

Das Vosal ist unkompliziert anzupassen. Durch den beweglichen Teil am Unterkiefer liegt es locker um die Pferdenase herum, dabei übt es bei Zug am Zügel Druck auf der entgegengesetzten Seite am Unterkiefer aus. Zusätzlich wirkt es natürlich auf den Nasenrücken. Das Pferd muss erst lernen, sinnvoll zu reagieren. Dazu braucht es eine einfühlsame Hand und gut verständliche Hilfen aus dem Sitz heraus. Wird das Vosal richtig verstanden, kann das Reiten damit zum Genuss werden.

Das Vosal ist in seiner Handhabung einfach und kann dem Pferd im Gegensatz zu verschiedenen anderen gebisslosen Zäumungen keinen Schaden zufügen.

Auf einen Blick

- Der Nutzen von gebisslosen Zäumungen ist äußerst fraglich.
- Gebisslose Zäumungen können Verletzungen am Pferdemaul verursachen.
- Gebisslose Zäumungen, die durch ihre Konstruktion das Pferdemaul einschnüren können, sind strikt abzulehnen.
- Das Bosal ist in der Hand von Könnern für eine bestimmte Ausbildungsspanne hervorragend. Dies trifft auch für einen gut gearbeiteten und passgenauen Kappzaum zu.
- Das Vosal bietet eine praktikable Möglichkeit zum anspruchsvollen Freizeitreiten ohne Gebiss.

▸ Was spricht für den Gebrauch von Sporen und was dagegen?

Häufig werden Sporen zu Recht verdammt, aber warum? Wie sollen gute Sporen aussehen?

Was spricht für den Gebrauch von Sporen und was dagegen?

Claus Penquitt:

Thomas lehnte Sporen grundsätzlich ab. Er wolle sein Pferd doch nicht quälen. Hatte er mit seiner Ablehnung Recht oder nicht, das war zu klären. Wer völlig undifferenziert behauptet, Sporen seien lediglich zum Pferdequälen da, der zeigt wenig Sach- und Fachkenntnis. Die hatte Thomas, wie er erklärte, zwar nicht, dafür aber ein anderer, der in Wort und Schrift mit Vehemenz Sporen in Bausch und Bogen verdammte. Vermeintliche Tierschützer dieser Art schaden mit solchen wenig qualifizierten Äußerungen dem wirklichen Tierschutzgedanken sehr. Sie sollten Nachstehendes besonders aufmerksam in ihre Überlegungen einbeziehen.

Allzu häufig ist zu beobachten, wie mit Schenkeln und Absätzen im ständigen Rhythmus das Pferd bearbeitet wird, ohne dass dies eine Wirkung zeigt. Was eigentlich als hinweisende oder treibende Hilfen gedacht war, verhalf lediglich zu einem stetig schenkelstumpfer werdenden Pferd und zumindest in unserem Fall zu einem mehr und mehr entnervten Thomas. Aber es ging ihm nicht allein so. Häufig ist dann irgendwann trotz aller guten Vorsätze auch bei anderen die Geduld am Ende.

Jetzt wird eine Gerte, die ausschließlich zum Touchieren benötigt wird, von den Sporenverächtern eigentlich auch verbannt, missbräuchlich eingesetzt. Andere unerfreuliche Aktivitäten werden hinzukommen. So gehen dann, wenn auch ungewollt, Harmonie und Partnerschaft in eine steile Talfahrt. Andere hingegen lassen es zwar nicht so weit kommen, verfallen aber stattdessen in Lethargie und geben schließlich auf. Die zur Förderung und Erhaltung der Gesundheit und Psyche des Pferdes unerlässlichen Lektionen und Übungen sind dann allerdings nicht mehr möglich.

Für den, der mit Sporen reitet, wird diese sehr ernst zu nehmende Problematik gar nicht erst existent. Die überwiegende Mehrheit aller Pferde braucht anfangs deutliche Hilfen. So auch die Schenkelhilfen, die später zu nur noch angedeuteten, kaum merklichen Signalen reduziert werden können. Es braucht wohl nicht ausdrücklich betont zu werden, dass Sporen mit genauso viel Verstand eingesetzt werden müssen wie jede andere Hilfe. Dem Verdacht, hier könnte Missbrauch getrieben werden, lässt sich begegnen. Wer nämlich zu Unbeherrschtheit und dadurch zu Grobheiten neigt, würde auch ohne Sporen Mittel finden, Missbrauch zu treiben.

Nathalie Penquitt:
Es gibt viele Fälle, in denen das Reiten mit Sporen sinnvoll ist. Beispielsweise wenn der Reiter im Verhältnis zum Pferd sehr lange Beine hat und sie sehr hochziehen müsste, um eine wirksame Hilfe zu geben, oder wenn ein Pferd durch unwissende Reiter mit ständig klopfenden Schenkeln völlig abgestumpft ist.

Ein weiterer positiver Effekt der Sporen ist die Wirkung auch auf den Reiter. Man wird sich der Schenkelhilfen bewusster und hält seine Beine ruhiger. Auch das führt dazu, dass das Pferd sensibler wird. Wichtig vor der Benutzung von Sporen ist das Wissen über den korrekten Schenkeleinsatz. Ist sich ein Reiter noch häufig unsicher, ob jetzt der innere oder äußere Schenkel aktiv werden muss, würde ich ihm empfehlen, mit dem Gebrauch von Sporen noch etwas zu warten.

Häufig werden Sporen zu Recht verdammt, aber warum?

Claus Penquitt:
Schlechte Sporen, und es gibt allzu häufig solche, die Pferden Schaden zufügen können, dürfen in meinen Kursen selbstverständlich nicht benutzt werden. Da wurde mir berichtet, dass in einem renommierten Reitsportfachgeschäft als gängiges Modell Sporen angeboten wurden, deren Ausführung mich schockierte. An Ort und Stelle zeigte man mir tatsächlich Sporen, die sehr kleine Rädchen aufwiesen, deren Zacken aber nadelspitz waren. Hiermit hätte man tatsächlich Schnittmuster ausradeln können.

Wie sollen gute Sporen aussehen?

Claus Penquitt:
Für meine Kursteilnehmer ist es normalerweise kaum möglich, ohne Sporen auszukommen. Sie müssen allerdings bestimmten Kriterien entsprechen. Es dürfen nur Sporen mit relativ großen Rädchen verwendet werden. Selbstverständlich sind hier die „Zacken" an den Rädchen stumpf, also abgerundet. So rollen sie, ohne dem Pferd Schaden zufügen zu können, sowohl bei mehr als zartem, als auch bei unsachgemäßem Einsatz sofort am Pferdekörper ab. Diese Sporen sind seit Jahren so begehrt geworden, dass auch häufig Sportreiter hiernach fragen. Erhältlich sind solche Sporen (siehe Bild) in der Westernreitartikel-Branche.

Und noch eins: Wer zu häufig oder zu viel sporniert, bekommt postwendend seine Quittung. Pferde sind an den für den Sporeneinsatz bestimmten Stellen punktuell nämlich äußerst kitzelig. Und das Spornrad kitzelt. Die Reaktion des Pferdes wird das umgehend bekannt geben.

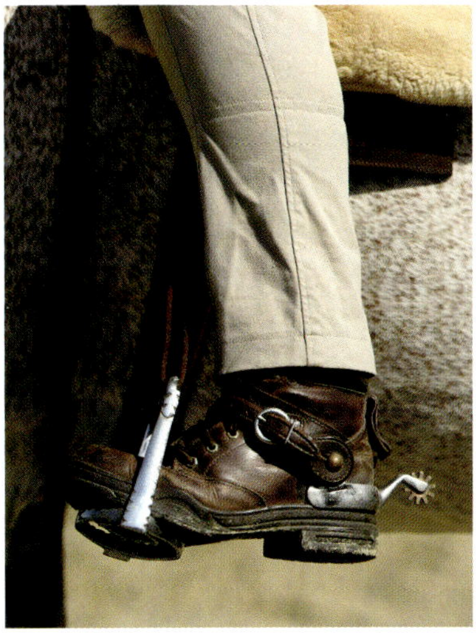

Nur wenn Sporen bestimmten Anforderungen entsprechen, können sie pferdegerecht eingesetzt werden.

Alles in allem: Eine feinere, sensiblere und damit humanere, aber dennoch äußerst wirksame Schenkelhilfe als die mithilfe von Sporen, die bestimmten Anforderungen entsprechen, ist kaum denkbar.

Für eine feine Schenkelhilfe sind Sporen nahezu unerlässlich. Natürlich dürfen sie nur stumpf sein und müssen am Pferdeleib abrollen. Ein leichtes Kitzeln genügt dann, um den gewünschten Effekt auszulösen.

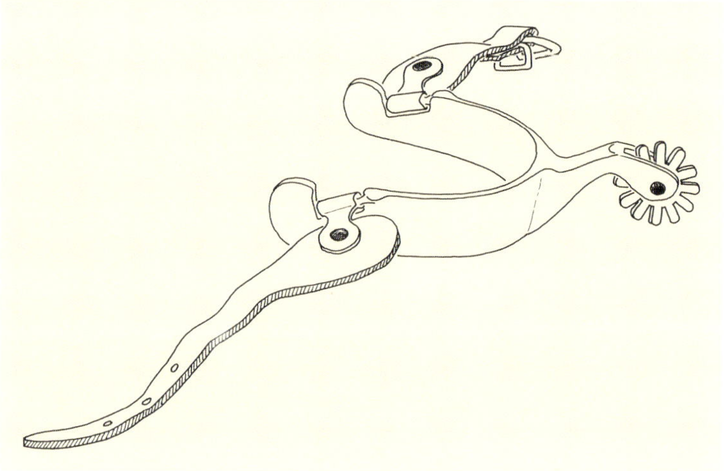

Auf einen Blick

- Es gibt Sporen sowohl zum brutalen als auch zum sensiblen Reiten.
- Ohne Sporen werden Pferde am häufigsten schenkelstumpf.
- Große Rädchen, stumpfe Zacken – etwas anderes kommt als Sporen nicht in Frage.

Gleichfalls interessant ist festzustellen, dass bei Pferden, deren Reiter ständig mit angeschnallten Sporen reiten, kaum noch ein Einsatz dieser erforderlich wird. Irgendwann ist sogar der Druck des Unterschenkels schon zu viel Hilfengebung. Dann genügt eine leichte Gewichtsverlagerung mit dem berühmten Bügeltritt (siehe Seite 85).

Nur noch dann und wann wird zur Auffrischung der Sensibilität des Pferdes der Sporenkitzel gefragt sein. Und damit haben Sie einen großen Schritt zum feinen, sensiblen Reiten getan. Das überzeugte auch Thomas, der auf diesem Weg erfolgreich weiterging.

Ist die Gerte auch für einen humanen Reiter erforderlich?

Wie sollte eigentlich eine Gerte beschaffen sein?

Ist die Gerte auch für einen humanen Reiter erforderlich?

Claus Penquitt:
Die Gerte ist nicht zum Prügeln, sondern zum Touchieren, das heißt zum leichten Berühren des Pferdes gedacht. Eine Ächtung der Gerte kann nur aus falschen Vorstellungen über ihren Gebrauch entspringen. Eine Gerte kann nämlich bei richtigem

Einsatz zum Zauberstab werden. Zauberstab zum Beispiel bei dem Pferd einer Schülerin, das partout nicht begriff, dass zum Travers oder zur Traversale die Kruppe in genügendem Maße hereingenommen werden muss. Es war zum Verzweifeln. Auch ich konnte der relativ jungen Stute nicht verständlich machen, was hier von ihr gewollt wurde. Meine Schülerin warnte mich schon, dass die Stute gern und häufig Reiter abwarf.

Sicherlich weil ich die Warnung ernst nahm und den möglichen Bodenkontakt nur ungern wollte, und vor allem, weil ich wohl kaum zaubern konnte, fiel mir der in meiner Hand befindliche „Zauberstab“ ein. Vorsichtig an der Innenseite des Pferdes, das heißt an der Flanke, leicht touchierend eingesetzt, vollbrachte die Gerte das, was die Zuschauer als Wunder bezeichneten. Und nun die Erklärung:

Im Regelfall soll die Gerte den Schenkeleinsatz unterstützen beziehungsweise ersetzen. Hier hat die Gerte eine andere Funktion erfüllt: So wie das Pferd sich durch eine kleine Fliege, auf ihrem Körper spazieren gehend, äußerst gestört fühlen kann, so etwa wirkt auch das leichte Touchieren auf das Pferd. Was intensiver Einsatz von Schenkel und Gewichtsverlagerung nicht vermochten, bewirkte ein sanftes vibrierendes Berühren mit der Gertenspitze an der Flanke des Pferdes. Es drückt seinen Körper gegen die kitzelnde Gerte und geht im Travers bzw. in der Traversale. – So unglaublich einfach kann manchmal Reiten sein.

1 So etwa sollte die Gerte bei beidhändiger Zügelführung gehalten werden.

2 Bei einhändiger Zügelführung muss die Gerte hoch gehalten werden. Nur wer glaubt, sich in die Reihe der alten Reitmeister einordnen zu können, sollte sie dabei stolz senkrecht halten.

1

2

Fazit: Zum Verprügeln auf keinen Fall, zur Bestrafung wohl kaum, zum Muntermachen schon eher, als feinstes Hilfsmittel auf jeden Fall: die Gerte.

Noch etwas zum Stichwort „munter machen“. Bei Pferden, die dazu neigen, sich allmählich in den Schlaf zu verabschieden, wirkt ein zur rechten Zeit kommender aufmunternder Klaps sehr erfrischend. Auch werden Sie feststellen können, dass, obwohl Sie sehr sparsam im Gebrauch der Gerte sind, allein schon ihr Mitführen das Pferd auffallend munterer werden lässt.

Nathalie Penquitt:
Gerte oder Sporen sind für mich feine Hilfsmittel, um sich mit dem Pferd zu verständigen. Sie dienen nicht der Bestrafung, sondern fordern das Pferd zum schnellen Reagieren auf. Tut es das dann in gewünschter Form, folgt auch immer ein Lob.

Je nach Lektion und Verhalten des Pferdes kann der Einsatz der Gerte beim Reiten in der Bahn innen oder außen sinnvoll sein.

Besonders hilfreich ist die Gerte häufig dann beim Angaloppieren, wenn ein Pferd auf einer Seite besonders schwer anspringt und immer in den Außengalopp geht. Eine Touchierhilfe zum Anspringen innen lässt das Pferd das innere Hinterbein anziehen und so richtig angaloppieren. Mag es am Anfang etwas unwillig aussehen oder dabei sogar leicht ausschlagen, ist das nicht so tragisch. Gelingt einige Male der richtige Galopp, wird sich das Problem von selbst geben. In dieser Situation ist die Gertenhilfe durch keine andere zu ersetzen.

Bei der Bodenarbeit ist die Gerte für mich unersetzlich. Ich kann mit ihr deutliche Zeichen geben und gelange gut an die verschiedensten Körperstellen des Pferdes. Sie verlängert meinen Arm, will ich dem Pferd den Weg versperren oder es seitlich begrenzen. Bei Seitwärts- oder Rückwärtsbewegungen ersetzt sie meine Schenkelhilfe.

Durch intensiven, sehr präzisen Gerteneinsatz bei den Zirkuslektionen, für die es häufig Belohnungen gibt, habe ich schon oft erlebt, dass Pferde sogar ihre anfängliche Angst vor der Gerte verlieren.

Wie sollte eigentlich eine Gerte beschaffen sein?

Claus Penquitt:
Eine Gerte sollte etwa 110 bis 130 cm lang sein. Zu kurze Gerten erschweren das Touchieren dort, wo es erforderlich wäre. Dies führt sonst zu Verrenkungen, die den korrekten Sitz und damit das Pferd stören. Auch sollte die Gerte relativ leicht, nicht zu dick und recht biegsam sein.

Und was für die Sporen gilt, trifft auch für die Gerte zu: Nur wer die Klaviatur feinster Hilfen noch nicht beherrscht oder noch nie ein Pferd geritten hat, das hierauf reagiert, kann sich nicht vorstellen oder ermessen, wie unerlässlich diese sein können. Jeder Reiter sollte, bevor er Gerte oder Sporen grundsätzlich verdammt, hierüber einmal nachdenken.

Auf einen Blick

- Gerten sind zum leichten Touchieren da und nicht etwa zur Anwendung einer Prügelstrafe gedacht.
- Die Gerte, vorsichtig und an richtiger Stelle eingesetzt, kann zum Zauberstab werden.
- Eine Gerte soll leicht, biegsam und nicht zu kurz sein und ein kleines Bändchen am Ende haben.

Warum soll man auf Hilfszügel verzichten?

Können Unarten des Pferdes durch Hilfszügel beseitigt werden?

Claus Penquitt:

Warum soll man auf Hilfszügel verzichten?

Vorweg die Überlegung eines alten Reitmeisters, frei übersetzt: Wer zu viel auf Biegung des Halses und Stellung des Kopfes gibt, statt das Beugen der Hinterbeine zu seiner Hauptsache zu machen, dem wird nie das Ziel der Ausbildung gelingen: Mit leichtesten Hilfen Harmonie zu erreichen.

Hilfszügel sind bei unendlich vielen Reiterinnen und Reitern, Lehrern, Trainerinnen und Trainern sehr beliebt. Sie sind eine Selbstverständlichkeit geworden, und wer sie vor allem bei jungen Pferden nicht von selbst benutzt, dem werden sie oft genug vom Ausbilder verordnet. Wird aufgezählt, was eine Reiterin bzw. ein Reiter an Standardausrüstung braucht, so fehlt in der Einkaufsliste auf keinen Fall zumindest das Martingal. Manche Stimmen schränken zwar ein, indem sie Hilfszügel nur in der Hand eines erfahrenen Ausbilders sehen wollen. Aber die verhallen meistens ungehört. Sonst könnten womöglich die fehlenden Hilfszügel ein Armutszeugnis ihres Könnens ausstellen.

Wer ohne diese Hilfsmittel nicht auskommen kann, vertuscht in der Regel lediglich Ausbildungsmängel und daraus resultierende Unarten der Pferde.

Sperrhalfter, Martingal und Schlaufzügel – ein Sortiment von Verschnallungen und Hilfszügeln, das in der hier gelehrten Art zu reiten nichts zu suchen hat.

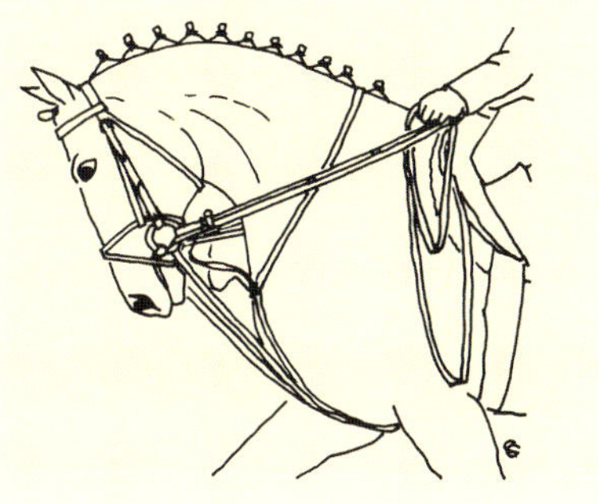

Hilfszügel? Nein danke!
Der wirklich verständige Pferdeausbilder weiß, dass er ohne diese „Zwangsmittel", allein mit geduldiger, systematischer Arbeit, das gesetzte Ziel erreichen kann, man muss ihm nur genügend Zeit geben.

Können Unarten des Pferdes durch Hilfszügel beseitigt werden?

Claus Penquitt:

Zeigen Pferde Unarten und wehren sich gegen Zügelhilfen, so hat dies Ursachen. Diese können in falschen Ausbildungspraktiken oder körperlichen Unzulänglichkeiten zu finden sein. Die eigentliche Aufgabe wäre es, sie zu erkennen, um dann sorgfältig zu überlegen und entsprechend zu handeln. Mit mehr oder weniger knebelnden Hilfsmitteln ist es aber auf keinen Fall getan.

Wer mit solchem unerwünschten „Zubehör" zum Kurs in der Freizeitreit-Akademie® erscheint, muss sein Pferd abrüsten. Spätestens nach drei Tagen macht sich ungläubiges Staunen breit. Es geht, so zeichnet es sich ab, offensichtlich auch ohne. Später will man sich kaum erinnern, jemals anders geritten zu sein.

Hierzu aber sollen die Reitmeister früherer Zeiten zurate gezogen werden. Sie bildeten Pferde aus und unterrichteten Menschen, die, wie wir heutzutage, das Reiten als Hobby, eben zum Vergnügen pflegten. Und was diese Menschen seinerzeit wollten, das will man heute gleichermaßen:

Man möchte ein gehorsames, also zuverlässiges, aber schwungvoll mit Pep und Eleganz, fleißig, aber angemessen vorwärtsstrebendes und dabei angenehm zu sitzendes Pferd. Und manchmal noch etwas mehr.

Nicht gerade wenig, was da erwünscht wird. Aber dies wird sich kaum mit den in Frage stehenden Zwangsmitteln erreichen lassen. Hieran bestehen wohl kaum Zweifel und kann mit

Je weniger Verschnallungen am Kopf, umso besser für das Pferd.

den Erfahrungen vieler alter Reitmeister in einer sinngemäßen Zusammenfassung einiger ihrer Meinungen begründet werden. Sie hatten eine feine Beobachtungsgabe, indem sie feststellten:

- Hilfszügel können so leicht den Anschein eines Fortschrittes geben und sind deshalb bei Leuten, denen es nicht um das Sein, sondern um den Schein geht, so beliebt.

Das könnte als eine sehr zutreffende Erkenntnis auch heute gesagt worden sein. Aber hören wir weiter:

- Verspannungen durch diverse Verschnallungen zu beseitigen, bedeutet Gewalt anzuwenden. Dadurch wird mehr verschlimmert als beseitigt.
- Wer festbindet, verschnallt und mit Hilfszügeln arbeitet, die wie Flaschenzüge wirken, macht das Maul tot.
- François Robichon de la Guérinière meint, dass Hilfszügel etwas für Hilfsschüler seien.
- Hilfszügel geben dem Pferd keine Chance, etwas richtig zu machen, und dem Reiter keine, ihm dies zu bestätigen. Durch unsinnige Umwege wird das Nachgeben der Zügel als entsprechende Belohnung immer zu spät kommen.
- Die Ausbildung eines Pferdes braucht Zeit und Geduld, aber unter gar keinen Umständen Hilfszügel.

Wirklich echte überzeugende Argumente für diese Zwangsmittel, die auch den Pferden gerecht werden, gab es bis auf kaum nennenswerte Ausnahmen damals nicht und auch heute nicht.

Soll bei einer Zäumung das Reithalfter benutzt werden, dann sollte es, wie hier gezeigt, so hoch geschnallt sein, dass die Atemwege nicht eingeschnürt werden.

Wer mit Pferden denkt und ihre Ausbildung danach lenkt, hat im Allgemeinen keine Probleme. Sind aber trotzdem, aus welchen Gründen auch immer, welche zu lösen, so wird dies unter keinen Umständen über die genannten Hilfsmittel erfolgen können – und nur dieser Weg zeigt die Richtung.

Nathalie Penquitt:
Wer sein Pferd mit Hilfszügeln reitet, lernt nicht zu erkennen, wann es wirklich nachgeben möchte und was der Reiter oder auch der Longierer dafür tun muss. Die Gefahr bei der Benutzung von Hilfszügeln ist, ob es nun Schlaufzügel, Ausbinder oder ein Martingal sind, dass nur an den Symptomen herumgedoktert wird, ohne die Ursachen zu beheben.

Der Reiter sollte besser sein Zusammenspiel der Hilfen verbessern und die Lektionen so kombinieren, dass das Pferd die gewünschte Haltung aus der Situation heraus anbietet. Sonst erreiche ich häufig nur äußerlich die erstrebte Haltung, dabei werden aber die falschen Muskeln des Pferdes angespannt. Es kann beispielsweise der Unterhals gekräftigt werden, wenn sich das Pferd gegen den Ausbinder wehrt. Die Schritte werden verkürzt, die Hinterhand wird festgehalten, das Pferd tritt kaum noch unter und verspannt den Rücken. Und das alles, obwohl der Kopf senkrecht gehalten wird. Besser wäre, das Training des Pferdes so aufzubauen, dass es von sich aus den Kopf senkt. Dann kann es dabei schwungvoll und locker weitergehen und die wichtigen Muskeln werden sinnvoll gestärkt.

Das Argument, besonders Anfänger sollten mit Hilfszügeln reiten, um das Pferd zu schonen, kann ich nicht bestätigen. Jetzt kommt es auf den Lehrer an, die Übungen so auszuwählen, dass sich das Pferd nicht wehrt. Der Schüler sollte die Gelegenheit bekommen, Momente zu erfahren, in denen das Pferd auch bei ihm beginnt, nachzugeben und im Genick locker zu werden.

Claus Penquitt:
Etwas zum Abschluss zum Thema Ausrüstung:
- Eine zweckmäßige Ausrüstung, ob Zäumung oder Sattelzeug, ist für das Reiten ein unabdingbares Erfordernis. Was dabei herauskommt, entscheidet aber ausschließlich der Reiter durch sein Können.

Auf einen Blick

- Hilfszügel beseitigen keine Mängel, sondern vielmehr vertuschen sie die Ursachen.
- Hilfszügel wurden von den großen Reitmeistern früherer Jahrhunderte eindeutig und einleuchtend abgelehnt.
- Nur ohne Hilfszügel ist eine sinnvolle Ausbildung des Pferdes möglich.
- Wer durch Hilfszügel die Ausbildung eines Pferdes verkürzen will, wird um ein Vielfaches länger zu tun haben, um das Ausbildungsziel wirklich zu erreichen.

Fragen zum Sitz

Die Passage stellt besonders hohe Anforderungen an den Sitz. Hier zeigt es sich, ob man diesen gerecht wird und fest und souverän im Sattel bleibt.

Wie soll man im Sattel sitzen und warum so?

Warum kann ich nicht so sitzen, wie es mir am bequemsten erscheint?

Wie soll man im Sattel sitzen und warum so?

Claus Penquitt:
Der Sitz ist die Grundvoraussetzung für das Reiten. Anspannungen, die zu Verspannungen bei Pferd und Reiter führen, darf es nicht geben. Dafür hat der Sitz zu viele Funktionen zu erfüllen, denn er hat maßgeblich dazu beizutragen, dass

- der Pferderücken geschont wird,
- die Hinterbeine zum vermehrten Untertreten zur Entlastung der Vorderbeine veranlasst werden,
- das Gleichgewicht, die Balance des Pferdes hergestellt und gefördert wird,
- der Schwung des Pferdes vermehrt und ein hastiges Pferd beruhigt wird,
- ein Pferd ohne Zwang zum konsequenten Anhalten veranlasst wird,
- die Aufrichtung des Pferdes unterstützt wird,
- ein ästhetisch harmonischer Eindruck entsteht.

Nun, zu tun ist wirklich eine Menge. Diese kleine Aufzählung macht deutlich, wie viel vom Sitz abhängt und wie wichtig es ist, sich darum zu kümmern.

Auch wird deutlich, dass die in der Aufzählung enthaltenen Anforderungen an den Sitz für jede Reitweise gelten müssen. Die Unterschiede liegen vor allem in der praktischen Umsetzung.

Wer sich ernsthaft um einen Sitz bemüht, der die hier aufgezählten Kriterien erfüllt, hat es oftmals schwer. Sucht man als Anfänger Rat, was denn für mich und mein Pferd der beste Sitz sei, so könnte man, um eine Wahl zu treffen, fast ebenso würfeln.

Durch den Kopf schwirren dann: der sogenannte konventionelle Sitz, der Entlastungssitz, der Vorwärtssitz, der leichte Sitz, der Schwebesitz, das Leichttraben, der Jagdsitz für den Galopp oder der grundsätzlich ausgesessene Sitz. – Für den Anfang reicht dieses Angebot sicherlich.

Claus Penquitt:
Über den Sitz lässt sich vieles Interessantes und Wichtiges berichten, und so werden auch immer wieder Stimmen laut, man solle doch die Leute auf ihren Pferden sitzen lassen, wie es ihnen am bequemsten erscheint. So zum Beispiel:

- dass ich gern so sitze, was mein Reitlehrer als schief bezeichnet,
- dass ich bei Richtungsänderungen gerne in der Hüfte abknicke,
- dass ich meinen Oberkörper nach vorn neige,
- dass ich mich bei Volten gern wie ein Motorradfahrer in einer Kurve nach innen neige,
- dass ich bei der Zügelführung meine Ellenbogen wie die Henkel einer Suppentasse weit nach außen halte,
- dass ich meinen Kopf nach unten abkippe und fasziniert nach unten starre,
- dass ich meine Knie und Schenkel obligatorisch an das Pferd anpresse,
- dass ich … usw.

Diese Liste ist nahezu unendlich, ein Nervengymnastisierungskatalog für Ausbilder. Erstaunlicherweise bleibt das alles von den angesprochenen Reiterinnen und Reitern überwiegend unbemerkt. Ich meine, wenn man doch ohnehin irgendwie auf dem Pferd sitzen muss, warum dann nicht gleich pferdegerecht?

Hier nun noch einiges zum Thema mit entsprechenden Erläuterungen. Die Oberschenkel sowie die Knie dürfen auf keinen Fall angepresst, sondern nur locker angelegt werden. Vergessen Sie den Spruch „Knie ran“. Denken Sie daran, was mit einem Kirschkern passiert, wenn Sie ihn zwischen Dau-

Warum kann ich nicht so sitzen, wie es mir am bequemsten erscheint?

Ohne Zügel, ohne Zaumzeug zeigt mein Shagya-Araber Watani 12 wie Pferd und Reiter sich verstehen. Alle erforderlichen Hilfen für Lektionen, wie Zirkel, Volten, fliegende Wechsel, Wendungen, Stopps, Rückwärtstreten, Geschicklichkeitsaufgaben und vieles mehr, werden einzig und allein aus dem Sitz heraus gesteuert.

men und Zeigefinger pressen. So haben wir als Kinder unsere Omas beschossen. Sie könnten im Ernstfall womöglich vom Pferd aus auch eine Flugbahn beschreiben und obendrein noch etwas Beschleunigung hineinbringen.

Lassen Sie die Oberarme senkrecht hinunterhängen. Strecken Sie diese nach vorn, so engen Sie den Brustkorb ein, auch würden Sie damit Ihren Oberkörper vornüberziehen. Wenn Sie bei bestimmten Seitengängen außen in der Hüfte einknicken und zum Ausgleich den inneren Schenkel vom Pferd abspreizen, dann ist es aus mit dem guten Sitz und der gewollten Lektion.

Bleiben Sie also jederzeit senkrecht sitzen, aber seien Sie dennoch mit Ihrem Oberkörper flexibel. Sie müssen bei einer Richtungsänderung den Oberkörper rechtzeitig in der Taille drehend in die Bewegungsrichtung stellen. Das heißt die innere Schulter zurücknehmen, wobei diese natürlich nicht nach unten absacken darf. Mit dieser Aktion helfen Sie dem Pferd, in die gewünschte Richtung zu gehen, ohne dass mit dem Zügel mehr als nur ein kleines „Klingelzeichen“ gegeben werden muss.

Sie sollten stets gleichmäßig durchatmen, dabei den Kopf aufrecht halten und über das Pferd hinweg in die Ferne blicken. Würden Sie ständig nach unten sehen, verbiegen Sie Ihre Wirbelsäule und verspannen sich automatisch. Befolgen Sie dies alles einigermaßen, dann haben Sie schon einige der erforderlichen Voraussetzungen für den von mir seit Jahrzehnten gelehrten Sitz. Sie und Ihr Pferd werden es schon nach sehr kurzer Zeit spüren.

Grundvoraussetzung für einen guten Sitz ist, dass der Oberkörper unbedingt senkrecht gehalten wird, die Oberarme nicht vorgestreckt werden und der Blick nicht nach unten, sondern in die Richtung, in die man reiten will, gerichtet ist.

Nathalie Penquitt:

Ein großes Problem für viele Reiter ist es, ihren Sitz selbst richtig wahrzunehmen. Das Körpergefühl ist oft sehr trügerisch. Mit Aufforderungen wie zum Beispiel: „Richte dich mal auf“, können nur wenige etwas anfangen. Antworten wie: „Wieso, dann falle ich doch nach vorn“, sind nicht selten. Dafür gäbe es noch viele weitere Beispiele. Videoaufnahmen des Reiters können da oft Wunder wirken, denn wenn man es selbst sieht, bekommt man schon ein gewisses Gefühl für richtig oder falsch.

Um den Schülern die Korrekturen zu erleichtern arbeite ich sehr gern mit Bildern, wie sie zum Teil auch beim „Centered Riding“ verwendet werden. Um zu überprüfen, ob man aufrecht und im Lot sitzt, sollte man sich vorstellen, das Pferd würde sich unter einem in Luft auflösen. Wenn man jetzt auf die Erde plumpst, sollte man stehen können und nicht auf die Nase oder den Hintern fallen. Meint man, sicher auf seinen Füßen landen zu können, hat man sie höchstwahrscheinlich korrekt unter dem Schwerpunkt.

Weiterhin gibt es einige unkomplizierte Übungen für den Reiter am Boden, die ihm helfen, einen sinnvollen und symmetrischen Sitz zu erkennen und zu erlernen. Wenn man sich selbst einmal beobachtet, wie man um eine Kurve geht, und zwar innere Schulter zurück, innere Hüfte bleibt vorn, versteht man leichter, dass das auch auf dem Pferd ganz natürlich wäre. Leider haben wir uns oft schon ein paar verschobene Muster angewöhnt, die nur mit Mühe wieder zu verändern sind, aber es lohnt sich bestimmt. Es ist ein tolles Gefühl, das Pferd nur über kleinste Veränderungen im Sitz lenken zu können.

Auf einen Blick

- Der richtige Sitz ist entscheidend für gutes Reiten.
- Was richtig oder falsch ist beim Sitzen, wird durch das Pferd bestimmt.
- Falsches Sitzen ist eindeutig durch physikalische Gesetzmäßigkeiten belegbar.
- Ein guter Sitz kann nie zu Verspannungen führen.

Gibt es eine Regel für die ideale Bügellänge?

Was kann die gewählte Bügellänge bewirken?
Warum sollte unter bestimmten Umständen die Bügellänge zeitweilig verändert werden?

Gibt es eine Regel für die ideale Bügellänge?

Claus Penquitt:
Um es vorweg zu sagen: Eine feste, allgemein gültige Regel für die Bügellänge kann es nicht geben. Zu viele Faktoren können hier unterschiedliche Überlegungen bewirken, die zu unterschiedlichen Ergebnissen für die Einstellung einer Bügellänge führen. Das hört sich furchtbar wichtig an und ist es auch, wie bald festzustellen sein wird.

Was kann die gewählte Bügellänge bewirken?

Claus Penquitt:
Es war wieder mal so weit. Die Hängergespanne standen ordentlich aufgestellt auf dem Parkplatz der Freizeitreit-Akademie®. Die Pferde der Kursteilnehmer waren versorgt und erkundeten nun ihre Boxen und Ausläufe. Die Teilnehmer mit und ohne Pferd saßen unter hundertjährigen Eichen im Unterrichtspavillon und warteten gespannt auf das Einführungsgespräch. Hierbei ist es üblich, dass jeder sich, seinen Ausbildungsstand und den seines Pferdes vorstellt.

Für mich geben diese Gespräche häufig wertvolle Aufschlüsse und Hinweise, sowohl für den praktischen und theoretischen Unterricht im Kurs, als auch zur Erweiterung meines Erfahrungsstandes. Hin und wieder überkommen mich allerdings im Hinblick auf die von mir durchzuführenden Kurstage erhebliche Beklemmungen, wenn die Teilnehmer über das Verhalten ihrer Pferde beim Reiten wahre Horrorstorys zum Besten geben, und jedes Mal staune ich erneut, wie oft kleine Korrekturen eine gravierende Wirkung bei Pferd und Reiter erzielen können. Hier nun ein typisches Beispiel zum angesprochenen Thema.

Obgleich ihr Pferd relativ weich zu sitzen sei, so die Schilderung von der Kursteilnehmerin Hilde, bekomme sie während des Reitens ständig zunehmende Schmerzen im Hüft-, Lendenwirbel- und Schulterbereich. Nach Aussagen der Ärzte lägen keine relevanten medizinischen Befunde vor, die ihre Beschwerden erklären könnten. Auch ich war zunächst ratlos. So begann dann der Kurs.

In der ersten Stunde werden von mir noch keine Veränderungen, weder an der Ausrüstung von Pferd und Reiter noch am Reitverhalten, vorgenommen, ausgenommen wenn etwas in grober Form gegen die hier geltenden Regeln verstößt, wie zum Beispiel atembehindernde Sperrhalfter, Hilfszügel oder Herumgaloppieren in der Warmreitphase.

Mir war einiges bei Hilde aufgefallen, was dann später besprochen wurde. Meine Beobachtungen hatten ergeben, dass die Bügellänge bei ihr nicht stimmte. Die Bügel waren meiner Meinung nach zu lang geschnallt. Hieraus ergab sich, dass Hilde zum Bügelkontakt allzu häufig die Ferse anheben musste. Dies wiederum hatte zur Folge, dass sich ihre Knie nach oben schoben, Hüfte und Lendenwirbel und Schultern sich versteiften.

Um die Balance zu wahren, nahm sie unbewusst die aus dieser Haltung entstehenden Verkrampfungen in Kauf. Dass ihr Körper sich hiergegen wehrte und mit Schmerzen reagierte, lag zwar auf der Hand, der Zusammenhang mit den zu lang geschnallten Bügeln war ihr jedoch nicht bewusst. Aber irgendwann dämmerte es dann. Gegen Hildes Überzeugung empfahl ich ihr, die Bügel zunächst zwei Loch höher zu schnallen. Nach einem langen Unterrichtstag sah sie mich am nächsten Tag schon freundlicher an, worauf ich ihr wieder einen Tag später erlaubte, die Bügel um ein Loch länger zu schnallen.

Mit den um ein Loch höher geschnallten Bügeln ritt Hilde bis zum Kursende in vorbildlicher Haltung. Ach ja, die sonst beim Reiten plagenden Schmerzen waren, obgleich sie ständig ausgesessen reiten musste, nahezu vergessen. Sie meinte dann noch: „Ein Loch kürzer kann wirklich Wunder bewirken."

Ein Jahr später kam sie wieder. Ihr Sitz war vorbildlich. Die Seitengänge im Trab geritten auch. Vier Tage saß sie stundenlang im Sattel. Als ich mich erkundigte, was die Schmerzen machen würden, fragte sie mich erstaunt und lachend: „Welche Schmerzen?"

Die richtige Bügellänge ist äußerst wichtig. Warum und was hier zu berücksichtigen ist, wird im Text ausführlich beschrieben.

Nathalie Penquitt:

Die Bügellänge ist ganz entscheidend für den Sitz. Egal ob zu kurz oder zu lang, beides bereitet unnötige Probleme.

Sind die Bügel zu kurz, muss das Bein sehr stark angewinkelt werden. Häufig bewirkt das, dass sich die Füße nicht mehr unter dem Schwerpunkt befinden, sondern davor. Die hohen

Knie klemmen zu stark am Sattel und somit auch am Pferd. Ein lockeres Abfedern im Bügel ist nicht möglich, ohne sich im Sattel nach hinten zu verschieben.

Zu lange Bügel haben ebenso ihre Nachteile. Der Reiter fühlt sich oft unsicher, ohne genau zu wissen, warum. Wird das Bein nach dem Bügel ausgestreckt, versteift es sich und die Unterstützung im Bügel funktioniert nicht mehr. Das Sprunggelenk des Reiters wird zu sehr gestreckt, wenn die Fußspitzen nach unten gestreckt den Bügel suchen. Ein Abfedern ist nicht mehr möglich. Auch zu lange Bügel führen zu nach vorn gestreckten Beinen, die vor dem Schwerpunkt des Reiters hängen.

Ist man sich nicht sicher, mit welcher Bügellänge man sich am wohlsten fühlt, probiert man einfach verschiedene Längen aus. Im Zweifelsfall würde ich eher ein Loch zu kurz als zu lang empfehlen. Hat man sich dann an den Nutzen des Bügels gewöhnt und findet angenehme Unterstützung, kann man es auch wieder ein Loch länger versuchen.

Warum sollte unter bestimmten Umständen die Bügellänge zeitweilig verändert werden?

Claus Penquitt:
Als mich Rolf danach fragte, warum die Bügellänge unter bestimmten Umständen geändert werden sollte, musste ich daran denken, was ich mehrfach selbst erlebt hatte. Durch meine langjährige Krankheit, deren Auswirkungen sehr wechselhaft waren, indem ich recht häufig stationär behandelt werden musste, wurde mein Reiten zwangsläufig oftmals für einige Zeit unterbrochen. War ich dann einigermaßen wieder hergestellt, stieg ich natürlich sofort aufs Pferd. Es war selbstverständlich, dass ich dann nicht besonders für das Reiten gymnastiziert war.

Ich konnte nicht so sitzen, wie ich es eigentlich gewohnt war. Auch fand ich nicht den richtigen Rhythmus. Durch meine für mich kaum merkliche Steifheit war die Harmonie mit meinem Pferd gestört. Als ich dann zufällig in einem Buch eines alten Reitmeisters entdeckte, dass es ihm und anderen nach einer längeren Reitpause genauso wie mir gegangen sei, ging mir ein Licht auf. Ich befolgte seinen Rat und schnallte meine Bügel um zwei Loch kürzer, und nahezu sofort nahmen meine geschilderten Schwierigkeiten ab.

Bald konnte ich dann auch mit der gewohnten alten Bügellänge in voller Harmonie mit meinem Pferd alle Lektionen wieder reiten. Meine zwischenzeitliche Steifheit war durch den hervorragenden Ratschlag des alten Reitmeisters in wunderbarer Weise überbrückt. Und Rolf meinte, dass es sich doch wohl lohnen würde, ab und zu mal in ein Buch zu schauen, auch wenn es antiquiert erscheine.

Auf einen Blick

- Für die Bügellänge gibt es zwar Faustregeln, aber auch viele individuelle Ausnahmen.
- Welche Bügellänge in Frage kommt, kann von vielen verschiedenen Faktoren abhängen.
- Zu lang geschnallte Bügel können dem Reitenden erhebliche körperliche Schwierigkeiten bereiten.
- Zu kurze Bügel behindern die Hilfengebung und erlauben kein korrektes Sitzen.
- Die Bügellänge sollte nach längeren Reitpausen vorübergehend verkürzt werden.

Gibt es Regeln für die Haltung des Fußes im Bügel?

Gibt es Regeln für die Haltung des Fußes im Bügel?

Über die korrekte Fußhaltung im Steigbügel haben sich mehr Pferdeexperten Gedanken gemacht als man sich vorstellen könnte. Angefangen von den alten Reitmeistern bis zu denen der Neuzeit wurde hierüber heftig und auch mit unterschiedlichen Meinungen diskutiert.

Claus Penquitt:
Am schlimmsten war, so sagten mir immer wieder Schülerinnen und Schüler, wenn der Reitlehrer lautstark das Kommando verkündete: „Bügel überschlagen!". So berichtete Helene: „Da wir jedes Mal Furcht vor dem empfanden, was nun auf uns zukam, glaubten wir eine gewisse Häme aus der Stimme des Reitlehrers entnehmen zu können. Nun ging es wieder los mit dem Anklemmen der Beine an den Pferdekörper, womit wir versuchten, im Sattel zu bleiben, denn im Trab warfen uns manche der Schulpferde zunächst hoch und dann runter – auf den Boden. Wir sollten durch das Traben ohne Bügel das Gleichgewicht finden, was ich jedoch bis heute noch bezweifle."

Auch Gertrud, die nun wieder Zeit zum Reiten hatte, da ihre Kinder mittlerweile erwachsen waren, berichtete, dass sie als junge Frau mit Gleichaltrigen zum sogenannten „Kochlöffel-Unterricht" ging, so wurde der Reitunterricht für Hausfrauen bezeichnet. Auch sie mussten die Bügel überschlagen und auf einem großen Zirkel herumtraben. Das taten viele, so auch sie, aber nur einmal und verzichteten im Weiteren auf solch ein Reitvergnügen. Sie gaben das Reiten auf.

Auch ich hatte diese Erfahrungen auskosten dürfen und halte heute noch wenig von diesem Balanceakt für Reitanfänger. Die Steigbügel sind nicht nur zum Aufsteigen, sondern auch für das Reiten gedacht. Aber wie soll sich der Fuß im Bügel verhalten? Viele haben sich hierüber Gedanken gemacht, angefangen von den alten Reitmeistern bis zur Neuzeit, wobei zum Beispiel Gustav Steinbrecht, die beiden Mediziner Heinrich und Volker Schusdziarra oder Wilhelm Müseler teilweise recht komplizierte Begründungen für die richtige Lage des Fußes im Bügel gaben.

Für die Fußhaltung im allgemeinen Reitgebrauch gilt:

- Der Fuß soll direkt hinter den Zehen, also mit seinem Ballen aufliegen.
- Der Absatz soll immer tiefer als die Fußspitze sein. Dies darf aber nicht durch das Hinunterdrücken der Ferse erreicht werden, sondern vielmehr durch das Anheben der Zehen, da sonst die Wadenmuskulatur nicht zur Einwirkung auf das Pferd eingesetzt werden kann. Diese kann auch nicht erfolgen, wenn die Fußspitzen geradeaus oder nach innen zeigen.
- Die Fußspitzen sollen vielmehr in einem Winkel von etwa 30° nach außen zeigen. Dies entspricht auch einer natürlichen Fußhaltung.

Nathalie Penquitt:
Schaut man von oben aus dem Sattel an seinem Bein hinunter ohne sich nach vorn zu lehnen, sollte man seine Füße nicht

sehen können. Dann befinden sie sich in einer guten Haltung, stehen nicht zu weit ab und das Bein ist nicht nach vorn gerutscht. Die Anweisung „Fußspitzen nach innen" ist so völlig unsinnig und fast nicht zu praktizieren. Ich denke, sie stammt daher, dass der zu weit nach außen gedrehte Fuß häufig wieder mehr nach innen korrigiert werden muss, sodass er dann fast parallel zum Pferd hängt. Die Fußsohle sollte günstigerweise so nach unten weisen, dass der Reiter plan auftreten könnte. Ein Verkanten auf die Innen- oder Außenseite ist zu vermeiden.

Auf einen Blick

- Nur wenige könnten, wenn es so sein sollte, ohne Bügel auskommen.
- Steigbügel sind eine hervorragende Hilfe für gutes Reiten. Entscheidend ist, in welcher Höhe sie sich befinden und wie der Fuß darin platziert wird.
- Eine unnatürliche Fußhaltung führt zu schädlichen Verkrampfungen. Durch eine falsche Fußhaltung wird der Schenkeleinsatz erschwert, wenn nicht unmöglich gemacht.

Kreuz anspannen – was ist das?

Wie kann ich die Kreuzmuskulatur an- oder entspannen?

Kreuz anspannen – was ist das?

Claus Penquitt:
Zunächst sollten Sie ein klein wenig über die entsprechende Anatomie wissen. Unser Becken, also der knöcherne Teil des Gesäßes, besteht sozusagen aus einem starren Ring. Lassen Sie nun Ihre Bauchdecke nach innen fallen, so werden Muskeln aktiviert, die den Beckenring vorn anheben. Analog wird dadurch der Beckenring gegenüber, also an der Gesäßseite, entsprechend gesenkt. Das Becken wird nach hinten abgekippt.

Hierdurch tritt nun eine von jedem zu spürende Straffung im Lendenwirbelbereich ein. Und jetzt, man höre und staune, tritt der Effekt ein, der in der deutschen Reitlehre viele Jahrzehnte lang mit dem nebulösen Begriff „Kreuz anspannen" beschrieben und in ihrem Regelwerk unbedingt gefordert wurde.

Durch falsches Anspannen kommt es leicht zum Verspannen. Falsche oder zumindest mangelhafte Erklärungen sind daran schuld. So wird dann das ohnehin reichlich ausgeprägte Hohlkreuz noch hohler gemacht. Der Oberkörper im Ganzen wirkt dann nicht nur steif und verspannt, er ist es auch.

Wären mir seinerzeit die Zusammenhänge so wie hier erklärt worden, was hätte ich mir in meiner Ausbildungszeit als

Kreuzanspannen ist anatomisch nicht möglich. Vergebliche Bemühungen führen meistens zu unangenehmen Verspannungen des Reitenden, aber nicht zu dem, was erreicht werden sollte. Mit dem dynamischen Abkippen das Beckens nach hinten, wie es die alten Reitmeister lehrten, werden Sie mehr Erfolg haben.

Reiteleve nicht alles ersparen können. Meine Bandscheiben, mein Gesäß, ja mein ganzer Körper einschließlich meiner Psyche, all das wäre nicht so geschunden worden. Anstatt totaler Verspannung hätte sich mit Sicherheit bald wohltuende Entspannung eingestellt. So wäre bei meiner großen Pferdeliebe der Spaß am Reiten nicht total verdorben worden. Dieses Problem konnte ich sicherlich mit vielen teilen.

Zu viele Fehlinterpretationen über das Kreuzanspannen gab es und sie geistern auch heute noch herum, um immer wieder Verwirrung zu stiften. So werden noch viele vom Pferd steigen und stöhnend bemerken, dass es schon ein Kreuz sei, dieses Kreuzanspannen.

Die Autoren Dres. Heinrich und Volker Schusdziarra („Das Gymnasium des Reiters“ und „Reitergespräche“) räumten bereits damals mit ihrem fundierten medizinischen Wissen mit dem verschwommenen und irreführenden Begriff des Kreuzanspannens auf. Hier wurde eine klare und anatomisch fundierte Definition gegeben, die sich mit den von mir vertretenen Überlegungen deckt. Danach ist das sogenannte Kreuzanspannen gar nicht möglich, denn es gibt zwar ein Kreuzbein, aber das kann nicht angespannt werden, weil es als knöchernes Teil mit dem knöchernen Becken verwachsen ist. Wie soll dieses Kreuzbein nun angespannt werden können? Nichts anderes als die unverzichtbare Kippbewegung des Beckenringes nach hinten strafft die Lendenwirbel.

Das Abkippen des Beckens nach hinten ist eine Grundvoraussetzung zum guten, entspannenden und pferdefreundlichen Sitz. Aber das ist noch nicht alles. Vor allem muss dieses Abkippen des Beckens dynamisch sein, das heißt, es muss der Bewegung des Pferdes angepasst erfolgen. Das wird nicht schwerfallen, denn so geritten, kann sich der Körper im Normalfall sehr gut den Bewegungsabläufen des Pferdes anpassen. Dabei muss der Oberkörper unbedingt jederzeit aufrecht gehalten werden. Er darf weder nach vorn noch nach hinten pendeln oder etwa zur Seite abknicken (siehe Seite 82 und 96).

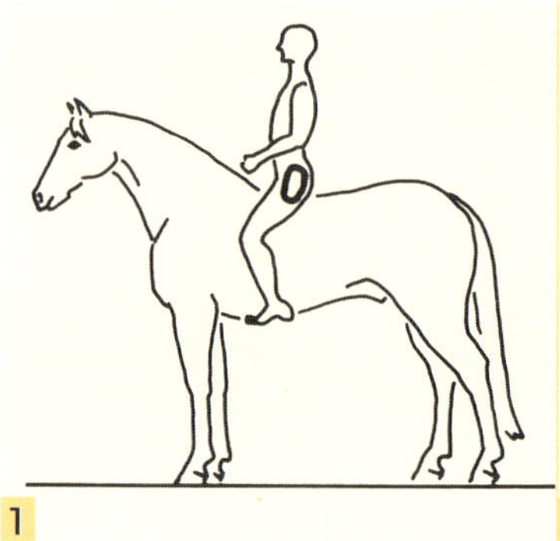

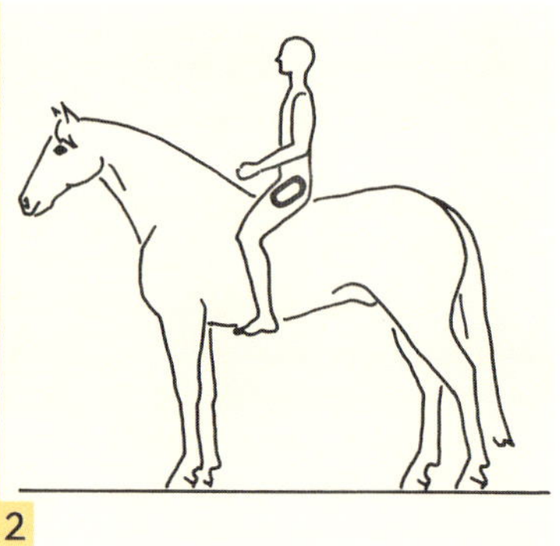

1 In dieser Sitzhaltung mit gerade gestelltem Becken und einer Neigung zum Hohlkreuz müssen alle Schwingungen und Stöße von der Wirbelsäule aufgefangen werden.

2 Erst durch das dynamische Abkippen des Beckens nach hinten kann der Körper den Schwingungen des Pferdes mühelos angepasst und die Wirbelsäule entlastet werden.

Wie kann ich die Kreuzmuskulatur an- oder entspannen?

Claus Penquitt:
Das soll nach dem bereits mehrfach angesprochenen Regelbuch ja getan werden. Hier ist eine schnelle Antwort möglich, denn die Dres. Schusdziarra stellten eindeutig fest, dass es eine Kreuzmuskulatur nicht gibt. Die Antwort also lautet kurz und bündig: Was nicht da ist, kann nicht angespannt oder entspannt werden.

Es war schon ein Kreuz mit dem Kreuz, aber nun kippen Sie ja Ihr Becken wie erklärt nach hinten ab und schweben fast im Sattel ohne Beschwerden mit Ihrem Pferd wie in einem Traumland dahin, und wenn noch nicht ganz so, dann üben Sie noch ein bisschen.

Nathalie Penquitt:
Jetzt haben wir viel Richtiges über die Haltung des Beckens und Kreuzes gehört. Dazu möchte ich ein paar praktische Tipps geben, die man gut zu Fuß üben kann, um das Körpergefühl zu verbessern. Man nehme sich eine gerade Strecke vor und laufe nun mit der Vorstellung, die Füße gehen voraus ans Ziel. Im Gegensatz dazu läuft man die Strecke noch einmal, dieses Mal gehen in Gedanken die Schultern voraus. Man wird feststellen, dass beide Arten wenig Eleganz haben und auch kein angenehmes Gefühl aufkommen lassen. Jetzt legt man die Strecke zurück, mit der Idee im Kopf, dass die Hüfte vorausgeht und den Rest des Körpers locker mitnimmt. Gelingt es einem, dieses locker auszuführen, ohne mit einem Hohlkreuz zu laufen, stellt sich meist ein leichtfüßiges, beschwingtes Gefühl ein. Dieses muss man sich nun gut merken und in den Sattel mitnehmen.

Auf einen Blick

- Statt „Kreuz anspannen" soll und kann das Becken nach hinten abgekippt werden.
- Das Abkippen des Beckens nach hinten muss dynamisch, das heißt den Schwingungen des Pferdes angepasst erfolgen.

Soll man leichttraben oder ständig aussitzen?

Soll man leichttraben oder ständig aussitzen?

Claus Penquitt:
Sind die Meister der altklassischen Reitkunst und hier insbesondere François Robichon de la Guérinière Ihr Vorbild, so müssen Sie ausgesessen reiten. Nur in diesem Sitz ist es möglich, die zur Schonung und Erhaltung der Gesundheit des Pferdes erforderlichen gymnastizierenden Lektionen durchzuführen (siehe Seite 95).

Damit wird in einem selbst zu steckenden Rahmen auch ein Reiten von altklassischen Lektionen möglich, wodurch Ausdruck, Schwung, Pep, Eleganz und Harmonie besonderer Art in das Reiten gebracht werden können.

Ausgesessen reiten aber auch diejenigen, deren Beruf es ist, mit dem Pferd zu arbeiten und hierbei nicht zuletzt größere Strecken zurückzulegen. Es sind die Gauchos, die Vaqueros, die

Wer seine Arbeit vom Pferd aus verrichten muss, reitet, wie hier der Gardian, selbstverständlich ausgesessen.

Cowboys, die Gardians und dergleichen. Wer nun gern auf Strecke geht, dem kann aus eigener Erfahrung, sich selbst und seinem Pferd zuliebe, nur geraten werden, gleichfalls ausgesessen zu reiten.

Weder im altklassischen noch im iberischen oder altkalifornischen Reiten und in keiner bekannten Gebrauchs-(Arbeits-)Reitweise gibt es das Leichttraben!

Das Leichttraben ist eine englische Erfindung. Ende des neunzehnten Jahrhunderts wurde es auch in Deutschland Mode. Allerdings hatten die Engländer als Jagdreiter bei dieser Erfindung mehr an die Schonung ihres Rückens und ihres Gesäßes gedacht als an die des Pferderückens.

Als Jagdreiter hatten sie in den, wenn auch wenigen, Trabreprisen auf ihren langen und weit ausholenden Jagdpferden ein flottes Tempo drauf. Nun sollen englische Jagdpferde, zumindest seinerzeit, bei diesem Trab auch härtesten Lords Gesäß und Rücken gestaucht haben. Diese Gangart auszusitzen war ein kaum zu überbietender Härtetest. Ihr ausgeprägter Pferdeverstand verhalf den Engländern aber zu der Überlegung, nur jeden zweiten Trabschritt auszusitzen.

Hierzu stützten sie sich einfach in den Bügeln ab. Auch in Deutschland konnte bald das ständige Rauf und Runter der Reitenden bewundert werden. Das, was heute unter dem Begriff

Leichttraben zu sehen ist, lässt die berechtigte Frage aufkommen, was hier „leicht" sei, und wenn ja, für wen? Für das Pferd wohl kaum, denn das möchte bestimmt nicht dieses schwammige Reitergewicht mit ständiger Schwerpunktverlagerung. Hinzu kommt, dass man sich allgemein zu weit aus dem Sattel hebt, was wiederum zur Vermeidung eines ungewollten Zurückfallens ein starkes Vornüberbeugen zur Folge hat. Damit kommt zum Negativkatalog noch eine vermehrte Belastung der Vorderbeine des Pferdes hinzu. – Fazit: Es lohnt sich, das konsequente Aussitzen zu erlernen. Ihr Pferd wird es Ihnen mit viel Freude danken.

Bleibt noch nachzutragen, dass Anfang des vorherigen Jahrhunderts in besonderen Fachkreisen zum Leichttraben bemerkt wurde, dass nur die Reiter der Kavallerieschule Hannover das Leichttraben vertretbar beherrscht hätten.

Nathalie Penquitt:
Ich erlebe es häufig, dass Pferde so konditioniert wurden, dass sie das Aussitzen als Ankündigung für anstrengende oder gar unangenehme Lektionen wahrnehmen. Beim Leichttraben werden die Zügel lockerer gelassen, der Reiter ist entspannter, die Schenkel drücken weniger. Wird dann ausgesessen, beginnt plötzlich der Ernst des Lebens bzw. der Reitstunde. Verlaufen die nun folgenden Lektionen wenig harmonisch, hat das die Folge, dass die Pferde verspannter gehen, wenn der Reiter aussitzt. Gelingt es, dieses Muster zu durchbrechen, sollte man zwischen Aussitzen und Leichttraben beliebig wechseln können. Mit der Zeit kann man auf das Leichttraben ganz verzichten.

Trotzdem möchte ich das Leichttraben nicht generell verdammen. Es gibt durchaus einige Situationen, in denen es eine

Warum dieses bei jedem zweiten Trabschritt erforderliche Hochkommen aus dem Sattel, das sich Leichttraben nennt, viele Reitende begeistert, jedoch bei den Pferden wenig Freude verbreitet, entnehmen Sie dem Text zu diesem Thema. Nathalie Penguitt und ihr Morgan Horse Amber fühlen sich jedenfalls mit einem festen Sitz sehr wohl.

gute vorübergehende Lösung bietet. Ein Beispiel wäre der Trab im Gelände mit einem Pferd, das noch nicht so geschmeidig und ausbalanciert läuft, dass man sich dem Trab problemlos anpassen kann. Kommen dann noch Unebenheiten des Bodens hinzu, ist das Aussitzen weder für Pferd noch für Reiter ein Vergnügen und Leichttraben die Lösung. Hat sich das Pferd eingelaufen und der Boden ist wieder eben, kehrt man zum Aussitzen zurück.

Auf einen Blick

- Leichttraben dient nicht dem Pferderücken, sondern dem Rücken und seiner Verlängerung des Reiters.
- Leichttraben löst Irritationen beim Pferd durch die ständigen Schwerpunktverlagerungen aus.
- Leichttraben dient meistens denen, die nicht aussitzen können. Das Aussitzen ist aber erlernbar. Denn nur so können gymnastizierende Lektionen mit dem Pferd geritten werden.

Können auch junge Pferde oder Pferde mit empfindlichem Rücken ausgesessen geritten werden?

Sollte man bei jungen Pferden zur Entlastung ihres Rückens nicht lieber leichttraben?

Können auch junge Pferde oder Pferde mit empfindlichem Rücken ausgesessen geritten werden?

Claus Penquitt:
Eins vorweg: Jedes junge Pferd hat einen mehr oder weniger empfindlichen Rücken. Ein besonders empfindlicher Pferderücken ist auch nicht als ein schicksalsmäßig hinzunehmender Dauerzustand anzusehen. Solche Pferde brauchen die gymnastizierenden Biege- und Beugeübungen am nötigsten. So kann eine Stärkung der Rückenmuskulatur und im günstigen Fall auch ein straffer und federnder Rücken erreicht werden.

Zur Gymnastizierung sind vor allem die Seitengänge erforderlich. Diese können aber nur ausgesessen geritten werden. Wenn Sie den hier gelehrten Sitz beherrschen, so wird es Ihnen mittels des dynamisch nach hinten abgekippten Beckens gelingen, sich weich den Schwingungen des Pferdes anzupassen (siehe auch Seite 54). Hierdurch können Sie nun den empfindlichen Pferderücken nicht nur schonen, sondern durch durchdachtes Reiten federnd straffen und stärken.

Falls ein konventioneller Sattel benutzt wird, wäre bei gegebener Rückenschwäche ein Wechsel zu einem Sattel mit erheblich größerer Auflagefläche auf dem Pferderücken zu empfehlen. Die bekannten gymnastizierenden Übungen, die zu jedem Reiten gehören, sollten aber nur in kurzen Reprisen geritten werden.

So gehört, zum Beispiel, zu jeder Bahnrunde in einem Seitengang eine anschließende Entspannungsrunde am hingegebenen Zügel. Gymnastizieren Sie Ihr Pferd im Gelände, so sollten Sie entsprechend verfahren.

Mit dem sogenannten Leichttraben kann eine Stärkung und somit Besserung eines empfindlichen Pferderückens wohl kaum zu erreichen sein, da die hierzu erforderlichen gymnastizierenden Seitengänge und anderen Biege- und Beugeübungen nur im ausgesessenen Sitz durchführbar sind.

Sollte man bei jungen Pferden zur Entlastung ihres Rückens nicht lieber leichttraben?

Claus Penquitt:
Leichttraben bringt junge Pferde aus dem Gleichgewicht. Vor allem junge Pferde sind durch das bei jedem zweiten Trabschritt über dem Sattel „schwimmende" und so nicht auszubalancierende Gewicht der Reiterin bzw. des Reiters äußerst irritiert. Meistens kommen dann noch angepresste Knie und ein zusätzlich belastender, nach vorn gebeugter Körper hinzu.

Einige mir bekannte Ausbilder, und auch ich selbst, sind noch nie auf den Gedanken gekommen, beim Einreiten junger Pferde leichtzutraben.

Stets und ständig weich, den Bewegungen des Pferdes angepasst, ausgesessen geritten, so wurden sie ausgebildet und auch später zu keiner Zeit anders geritten. Solche Pferde, die jetzt weit über zwanzig Jahre alt sind, werden noch heute problemlos geritten und sind dabei kerngesund.

Mein Shagya-Araber Watani 12 wurde vom ersten Tag seiner Ausbildung an zu keiner Zeit anders als ausgesessen geritten. Er erwarb viele Meistertitel, war zwei Jahrzehnte lang beliebter Showstar, hatte mit 26 Jahren noch immer einen geraden Rücken und war putzmunter.

Die häufigsten Fehler des Reiters beim Leichttraben sind:

- die Knie an den Sattel anzupressen,
- zu hoch aus dem Sattel aufzustehen,
- Fuß und Kniegelenke zu versteifen,
- das Gesäß nach hinten herauszuschieben,
- den Oberkörper stark vornüberzuneigen,
- das Hohlkreuz noch hohler zu machen.

Bei Vermeidung der hier aufgezeigten Fehler wäre gegen das Leichttraben mit bereits eingerittenen Pferden, wenn es denn so sein soll, nur wenig einzuwenden. Aber welche Notwendigkeit besteht, anders als in dem hier verschiedentlich beschriebenen Sitz zu reiten, der schon seit vielen Jahrhunderten bekannt und bewährt ist?

Für das stets weich federnd ausgesessene Reiten sprechen auch seit vielen Jahren die immer wieder in Briefen und Gesprächen von Schülerinnen und Schülern und solchen, die es waren, vorgebrachten Erklärungen, dass sie selbst oder ihre Pferde Rückenprobleme gehabt hätten, die nun dank dieser Reitempfehlung wie weggeblasen seien.

Ein anderer, besserer Sitz als dieser, der, auf den Erkenntnissen verschiedener Reitmeister früherer Jahrhunderte aufbauend, für das anspruchsvolle Reiten in heutiger Zeit modifiziert wurde, konnte sinnvoller, bequemer und für Pferd und Reiter gesünder, aus meiner Sicht bisher noch nicht gefunden oder erfunden werden. Und um auf die eingangs gestellte Frage zurückzukommen, dürfte das Resultat aus dem Vorhergesagten genügend deutlich machen, dass auch für junge Pferde nichts dagegen, sondern genügend dafür spricht, sie vom ersten Tag an ausgesessen zu reiten.

Auf einen Blick

- Ein empfindlicher Pferderücken kann nicht durch sogenanntes Leichttraben gestärkt werden.
- Zur Verbesserung des Pferderückens hilft einzig und allein eine klug durchdachte und systematische Gymnastizierung.
- Die zu einer wirksamen Gymnastizierung erforderlichen Lektionen können nur durch einen korrekt ausgesessenen Sitz beigebracht und geritten werden.

Nathalie Penquitt:
Inzwischen habe ich bereits viele Pferde eingeritten und noch nie erlebt, dass ein junges Pferd einen harten Trab hatte. Sie waren stets angenehm auszusitzen, zum Leichttraben gab es keinen Anlass. Die Aussage eines Ausbilders in der barocken Reitweise, Pferde seien nicht hart, sie werden erst hart geritten, kann ich durchaus nachvollziehen.

Mein Pferd wirft mich ständig beim Galopp im Sattel hoch. Was muss ich tun, um dies zu verhindern?

Mein Pferd wirft mich ständig beim Galopp im Sattel hoch. Was muss ich tun, um dies zu verhindern?

Claus Penquitt:
Als der Galopp angesagt war, wurde Heiko zum Problemfall. Er konnte sich einfach nicht dem Rhythmus der Schwingungen des Pferdes, die im Galopp auftreten, anpassen. Er gehörte zu

Gemütlich im Galopp durch die Landschaft reiten, den Schwingungen des Pferdes angepasst, fest ausgesessen im Sattel sitzend, dabei können sich Birgit und ihr Pferd entspannen und wohlfühlen, auch wenn einmal nicht jedes Detail vollends dressurmäßig befriedigt.

denen, die im Renngalopp vornübergebeugt, das heißt im Jagdsitz, durch die Landschaft flitzen. Hallo, das macht Spaß, meinte er. Auf Dauer allerdings wäre es für Pferd und Reiter gesünder, sowie für Letzteren ungleich bequemer, im Sattel zu bleiben, also aussitzend die Landschaft im gesetzten Galopp zu genießen. Und Aussitzen müssen Sie ohnehin, wenn Sie im Galopp, wie auch Heiko jetzt, mehr machen wollen, als ständig geradeaus zu reiten.

Bedingt durch die Fußfolge ergibt sich beim Galopp im Normalfall ein Dreitakt. Da er sich aus einzelnen Sprüngen zusammensetzt, hebt sich das Pferd im Wechsel vorn und hinten. Es bewegt sich also in einer Schaukelbewegung. Im Galopp feiert die Schwungkraft Triumphe. Hier sind die auftretenden Schwingungen größer und wesentlich länger als im Trab. Je nach Veranlagung des Pferdes kann diese sanfter oder ausgeprägter sein. So befördert Sie der Aufschwung recht flott nach oben. Oftmals flotter und vor allem höher, als es Ihnen recht sein könnte.

Während Sie noch schwungvoll nach oben streben, hat aber der Abschwung schon längst begonnen. Zieht Sie dann, allerdings etwas zu spät, endlich die Schwerkraft wieder nach unten, so kommt durch den erneuten Aufschwung des Pferdes der Sattel Ihrem Gesäß bereits wieder entgegen. Diese recht energische Wiedervereinigung mit dem Sattel kann auf Dauer zu schmerzlichen Disharmonien führen. Auch Heiko hatte es zu spüren bekommen.

Steuern können Sie dies zunächst durch ein taktgenaues kurzes, leichtes und unbedingt senkrechtes Abstützen in den Steigbügeln bei senkrecht gehaltenem Oberkörper. Trotz aller im Galopp auftretenden Schwingungen und der von Ihnen hierzu erforderlichen Anpassungsmaßnahmen müssen Sie hierauf peinlich genau achten. Nun kommen Sie nicht mehr höher als gewollt hinaus und behalten ständigen Kontakt mit dem Sattel.

Verfahren Sie in dieser Art so lange, bis Sie den richtigen Rhythmus gefunden haben und die richtige Körperhaltung keine Schwierigkeiten mehr bereitet. Es muss also etwas geschehen, denn das Pferd wird die zunächst als unangenehm empfundenen Disharmonien im Rücken später dann als Schmerz zu spüren bekommen. Es wird hiervor weglaufen wollen und dadurch einen Grund mehr haben, im Galopp ständig schneller und härter zu werden.

Auf einen Blick

- Es ist zunächst schwierig, im Rhythmus, den das Pferd vorgibt, im Galopp stets fest im Sattel zu bleiben.
- Zum Anpassen an die erheblichen Schwingungen, die im Galopp entstehen, kann man sich durch vorübergehendes rhythmisches Abstützen in den Bügeln behelfen.
- Wer sich nicht nur vom Pferd hochtragen lässt, sondern selbst dies unterstützend mitmacht, kann auch kontrolliert den Abschwung bestimmen.

Nathalie Penquitt:

Den Erklärungen zum angenehmen Aussitzen im Galopp ist nicht mehr viel hinzuzufügen. Man sollte darauf achten, die Galoppsprünge nicht aus dem Pferd herausschieben zu wollen. Pferde können sehr gut ohne das Schwungholen des Reiters galoppieren. Beginnt der Galopp doch holprig zu werden, verhilft ein kurzer frischer Schenkeldruck mit dem inneren Bein zu neuem Schwung und klaren Sprüngen.

Einige Reiter haben das Problem, im Galopp stark nach außen zu rutschen. Meist liegt das an einer zu weit nach hinten genommenen inneren Hüfte. Die innere Hüfte muss im Galopp immer wieder nach vorn korrigiert werden. Zusätzlich hilft die Vorstellung, man stünde auf seinem inneren Bein, um nicht samt dem Sattel immer weiter nach außen zu driften.

Im Trab habe ich Schwierigkeiten mit dem Aussitzen – was ist zu tun?

Warum soll ich beim Aussitzen im Trab mein Becken im bestimmten Rhythmus mal links und danach rechts anheben bzw. absenken?
Stimmt es, dass man das Aussitzen besser im Jog lernen kann?

Im Trab habe ich Schwierigkeiten mit dem Aussitzen – was ist zu tun?

Claus Penquitt:

Im Schritt, das Pferd geht dabei im Viertakt, kann man gemütlich aussitzen. Wer hierbei genau auf die Bewegungen des Pferdes achtet, wird feststellen, dass sich beim Abschieben eines Hinterbeines deutlich die gleichseitige Rückenhälfte des Pferdes hebt, während sich die gegenüberliegende Rückenhälfte durch das gleichzeitige Vorschwingen des dortigen Hinterbeines senkt. So geht's dann im Wechsel links hoch, rechts hoch oder links runter, rechts runter, immer wieder.

Haben Sie im Schritt darauf geachtet, so werden Sie diesen Bewegungsablauf auch im Trab erspüren. Durch seinen Zweitakt geht dieser allerdings recht flott vonstatten. Sollte Ihr Pferd auch noch ein, wörtlich zu nehmen, hochtrabendes sein, also ein Pferd mit hohem Wurf, und Sie sind im Aussitzen noch nicht geübt, so werden Sie diesen Bewegungsablauf unter Umständen auch recht schmerzhaft wahrnehmen.

Was nun? Zunächst muss überlegt werden. Sie wissen, dass sich beim Abschieben eines Hinterbeines die jeweilige hintere Hälfte des Pferdes hebt, während sich die gegenüberliegende senkt. Somit wird Ihr Gesäß abwechselnd mal links und mal rechts je nach Temperament und Tempo des Pferdes mehr oder weniger hochgeworfen.

Sie sollten sich aber nicht tatenlos hochwerfen lassen, weil Sie dadurch jedes Mal erst verzögert wieder in Richtung Sattel runterkommen. In diesem Moment saust Ihnen nämlich der Sattel schon wieder mit sehr viel Schwung entgegen. So kommen dann die harten, unangenehmen Stöße immer abwechselnd, viele Male. An ein rhythmisches Mitschwingen ist nicht zu denken, denn dazu haben Sie in dieser Situation keine Gelegenheit.

Warum soll ich beim Aussitzen im Trab mein Becken im bestimmten Rhythmus mal links und danach rechts anheben bzw. absenken?

Claus Penquitt:
Hier muss also etwas getan werden. Und Sie können es auch, denn das Becken lässt sich nicht nur wie geschildert nach hinten, sondern auch seitlich abkippen. Hebt man den Beckenring mit den entsprechenden Muskeln auf einer Seite an, so weicht auf dieser Seite Ihre Gesäßhälfte dem hochkommenden Hinterteil des Pferdes nach oben hin aus. So können Sie dem unkontrollierten Hochgeworfenwerden elegant ausweichen. Heben Sie also auf der einen Seite Ihr Becken an, so sinkt es auf der gegenüberliegenden Seite ab. Dies geschieht zwangsläufig, da

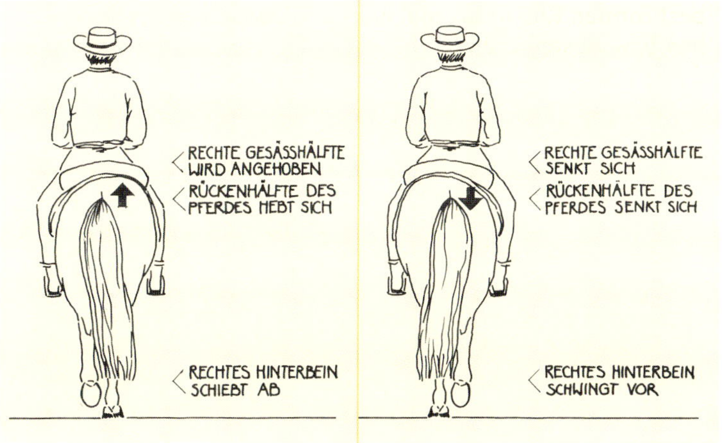

Durch rechtzeitiges einseitiges Anheben des Beckenringes kann man die wechselseitigen Schwingungen im Trab perfekt aussitzen.

Die Bewegungsabläufe des Pferdes können im Schritt und noch deutlicher im Jog erfühlt werden. Diesen Bewegungen entsprechend angepasst, geht nach einiger Übung, auch bei flottem Trab, der ständige Sattelkontakt nicht verloren.

die Beckenhälften ja starr miteinander verbunden sind, weil das Becken sozusagen eine feste Schüssel ist. So bleiben Sie, trotz des beschriebenen Ausweichens nach oben, stets im Takt der Bewegungen des Pferdes und daher vor allem im Sattel.

Sie werden es sich vorerst schwermachen und daher zum wechselnden seitlichen Anheben des Beckens auch etwas im jeweiligen Bügel abstützen müssen. Aber nach einiger Zeit sind die anfänglichen Schwierigkeiten überwunden. Dann wird sich ein müheloser, weicher und schwingender Rhythmus einstellen, wofür Ihnen nicht nur Ihr Gesäß sowie Ihre Lendenwirbel, sondern auch Ihr Pferd durch zufriedene Ausgeglichenheit in dieser Gangart dankt.

Nathalie Penquitt:
Für das Gelingen des Aussitzens halte ich ebenfalls das wechselseitige Heben des Beckens für sehr wichtig. Wenn der Trab durch gute Gymnastizierung des Pferdes weich und geschmeidig geworden ist, ist das aktive Heben nicht mehr nötig. Der Reiter kann sich dann auf die Schaukelbewegung von links nach rechts einlassen und bleibt mühelos im Sattel sitzen. Interessant finde ich immer wieder, wie das Erlernen des Schulterhereins im Trab den Gang des Pferdes weicher werden lässt.

Stimmt es, dass man das Aussitzen besser im Jog lernen kann?

Claus Penquitt:
Natürlich wird das Aussitzen in beschriebener Art schwieriger, je schneller Sie traben. Wer aber im Jog, dem extrem langsamen Trab, reiten kann, für den ist dies kein Thema mehr. Es lohnt sich, auch im Jog reiten zu können, denn auch die zur Gymnastizierung des Pferdes unabdingbar erforderlichen Seitengänge lassen sich von Pferd und Reiter so wesentlich leichter erlernen.

Der Jog macht das Aussitzen leicht. Auch erleichtert er hierdurch das Erlernen der Seitengänge.

Auf einen Blick

- Entsprechend der Fußfolge des Pferdes geht es mal auf der linken, mal auf der rechten Seite des Pferdes im Takt hoch und runter.
- Die wechselnden seitlichen Bewegungen müssen aufmerksam erfühlt werden.
- So muss sich das Becken des Menschen entsprechend dieser Bewegungen mal links und dann wieder rechts heben und senken.
- Wer sich den anatomisch bedingten Trabbewegungen des Pferdes leicht voreilend anpasst, bleibt ständig fest im Sattel.
- Zum Erlernen des Trabrhythmus eignet sich besonders der langsame Jog.

Fragen zu den Hilfen

Fragen zu den Hilfen

▸ Wo ist beim Reiten die innere und wo die äußere Seite des Pferdes?

Claus Penquitt:

Kursteilnehmer, die ständig links und rechts verwechseln, kommen häufiger vor, als man es sich vorstellen kann. Zur Orientierung behelfen sie sich zum Beispiel durch ein Band an einem Handgelenk.

Mit links- oder rechtsherum hatte Elke, eine aufgeweckte Schülerin, keine Probleme. Welches aber beim Reiten die jeweils innere oder äußere Seite des Pferdes ist, konnte Elke leider nicht markieren. Diese wechseln ja beim Reiten in den verschiedenen Lektionen.

Wer sich hier nicht auskennt, kann in gehörige Schwierigkeiten kommen. Wie wollen Sie den inneren Schenkel oder den äußeren Zügel einsetzen, ohne sicher zu sein, wo nun innen oder außen beim Pferd ist?

Während eines Unterrichts könnten Sie notgedrungen noch fragen, was wo ist. Stehen die Reitanweisungen aber in einem Buch oder in einer Zeitschrift, wird es schwieriger. Und hin und wieder verstehen selbst die Autoren diese Begriffe unterschiedlich.

Die richtige Definition ist gar nicht so einfach! Hat man begriffen, was der eine darunter versteht, so irritiert ein anderer Autor aufs Neue. Ich habe, zum Beispiel, mal gelesen, dass die äußere Seite des Pferdes immer dort sei, wo sich die Bahnbegrenzung befindet. Wenn Sie aber im rechten Winkel zu dieser in einer Volltraversale reiten, was dann? Oder aber in der Mitte des Platzes eine Lektion durchführen? Und was ist, wenn weder eine Begrenzung noch eine Reitbahn vorhanden sind?

Wo die innere Seite des Pferdes ist, könnten Sie sich eigentlich ganz einfach merken. Es ist stets die Seite, auf der das Pferd in einer Lektion hohlgebogen gehen soll.

Ihren Haflinger in schöner Linksbiegung, umkreist Uta den Pylon in einer Volte. Linksherum ist die Bewegungsrichtung, so auch die Biegung und links somit auch die innere Seite des Pferdes.

Elke meinte, ob es nicht noch einfacher zu merken gehe. So zum Beispiel, dass die innere Seite beim Pferd immer dort ist, wo es hingeht. Sie meinte beim Travers, der Traversale, beim Renvers, beim Zirkel- oder Voltenreiten usw. Nun ja, aber beim Geradeausgehen wird es bei dieser Regel wieder schwierig. Da gibt es nur innen und außen beim Pferd, wenn es auf einer Bahn geht. Hier gilt die oben genannte Regel mit der Einzäunung oder wo eigentlich eine sein könnte. Das ist dann außen.

Keine Regel ohne Ausnahme. Im Schulterherein (siehe Seite 74) oder beim Vergrößern einer Volte stimmt es dann auch wieder nicht. Denn in diesem Seitengang, wenn auch als Ausnahme, geht das Pferd mit seiner vollgebogenen Seite anstatt der hohlgebogenen in der Bewegungsrichtung. Gleiches trifft für das Volte-Vergrößern zu. Auch hier ist „innen“ entgegengesetzt zur Bewegungsrichtung.

Können Sie mir eigentlich noch folgen? Wenn nicht, trösten Sie sich, ich konnte die Regeln anfangs auch nicht nachvollziehen. Dafür habe ich dann nachgedacht und meine, dass nachfolgendes Ergebnis merkfähiger sei.

Regel 1: Geht das Pferd anders als geradeaus, so ist seine innere Seite die der Bewegungsrichtung zugewandte. Dies gilt bis auf die Ausnahmen beim Schulterherein und beim Volte-Vergrößern.

Geht also das Pferd linksherum durch eine Ecke, so ist hierbei seine innere Seite die linke. Geht das Pferd eine Volte oder auf einem Zirkel linksherum, so ist die linke Seite die innere. Bei jeder Wendung ist folglich die Bewegungsrichtung die innere Seite des Pferdes. Auch bei den Seitengängen ist die Bewegungsrichtung die innere Seite des Pferdes. Nur beim Schulterherein ist es umgekehrt.

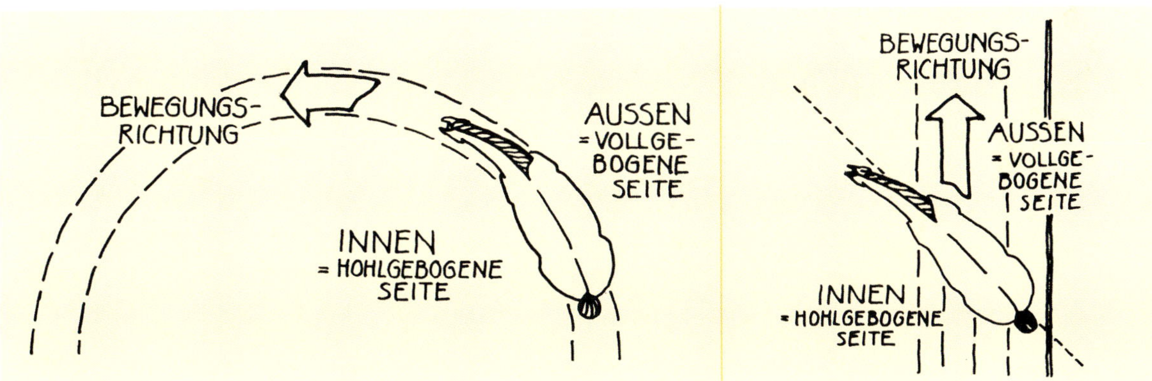

Innen und außen bei der Volte (links) und beim Schulterherein (rechts).

Hohlgebogen und vollgebogen = innen und außen. Noch deutlicher wird es für den, der zumindest schon theoretisch weiß, in welche Richtung sich das Pferd bei den verschiedenen Übungen in seiner Längsachse, also seitlich, biegen soll. Wie bei einer Ziehharmonika wird sich auf einer Seite die Rippenpartie des Pferdes dehnen. Der Leib wölbt sich nach außen. Hingegen wird die Rippenpartie auf der anderen Seite des Pferdes entsprechend nach innen zusammengedrückt. So spricht man dann von einer vollgebogenen und einer hohlgebogenen Seite. Und hieraus resultiert die nächste Regel.

Regel 2: Die Innenseite eines Pferdes ist ausnahmslos immer die, in welcher das Pferd bei einer Lektion hohlgebogen sein soll.

Und wenn Elke nun weiß, in welcher Situation die innere Seite gemeint ist, und sie sich dies in der Praxis immer wieder vor Augen führt, so weiß sie und wissen sicher auch Sie demnächst sofort, was zu tun ist, wenn der äußere Schenkel angelegt werden soll und der innere Zügel tiefer zu halten ist.

Auf einen Blick

- Wo ist innen, wo ist außen? Hierzu passt treffend die Aussage, dass keine Regel ohne Ausnahme ist.
- Die Innenseite des Pferdes ist immer die Seite, welche bei einer Lektion hohlgebogen wird.
- Normalerweise geht das Pferd bei einer Lektion mit seiner inneren und hohlgebogenen Seite in der Bewegungsrichtung, ausgenommen beim Schulterherein und Volte-Vergrößern.

Wie kann ich ein abgestumpftes Pferd wieder für feinere Hilfen sensibilisieren?

Knie ran und Schenkel zu, ist das richtig?
Kann ein „hartes" Maul wieder sensibel werden?

Wie kann ich ein abgestumpftes Pferd wieder für feinere Hilfen sensibilisieren?

Claus Penquitt:
„Knie und Schenkel kräftig ran, das wurde uns beim Unterricht immer wieder eingebläut. So pressten wir dann unsere Knie und Schenkel mit aller Kraft gegen den Pferdeleib. Trotzdem blieben wir nicht wie verlangt im Sattel kleben, sondern wurden im Trab ständig hochgeworfen. Das gefiel weder uns noch den Pferden. Während sie anfangs hierauf immer schneller wurden und trotz extremem Zügelzug kaum zu halten waren, gewöhnten sie sich dann an den unruhigen Sitz, den ständigen Druck an ihrem Körper und den Zügelzug im Maul."

Sie wurden trotz aller verstärkter Bemühungen ihrer Reiterinnen und Reiter immer unsensibler. Die nun auch ständig stärker klopfenden Unterschenkel und Schuhabsätze zeigten bald nicht mehr die gewünschte Wirkung. Ein nun empfohlener verstärkter Einsatz einer Gerte brachte außer noch mehr Missmut des Pferdes nichts. So etwa die Berichte von Schülerinnen und Schülern. Ihre Pferde waren gegen normale, geschweige denn sensible Hilfen völlig abgestumpft. Silke, die diese Erlebnisse schilderte, war deprimiert. Eigentlich wollte sie „nur“ im Gelände reiten. Um aber, wie sie sagte, eine solide Grundausbildung zu haben, wollte sie den angebotenen Unterricht mitmachen. Nun war sie mit ihrer Freundin, die das Gleiche erlebt hatte, hier. Beide wollten aus der Sackgasse, in die sie geraten waren, möglichst ohne Dauerschäden herauskommen. Hierzu brauchten sie Anleitungen, die, zu Hause konsequent befolgt, nach meinen Erfahrungen in gewisser Zeit Wirkung zeigen sollten.

Knie ran und Schenkel zu, ist das richtig?

Claus Penquitt:
Am ersten Tag ging es mit der Umschulung los. Zunächst hieß es, Knie weg vom Sattel und Schenkel weg vom Pferd. Danach sollten Knie und Schenkel wieder hauchzart angelegt werden. Ein paar Minuten später wurde diese Prozedur wiederholt und wiederholt und wiederholt... Die Reiterinnen gaben zu, dass sie immer wieder ungewollt ihre Knie und Schenkel fest angepresst hatten. So erging es ihnen auch in den nächsten Tagen, ehe die ständigen Ermahnungen etwas bewirkten.

Mit den Unterschenkeln und Stiefelabsätzen ergab sich Ähnliches. Trotz ständiger Ermahnungen wurde mit dem Geklopfe an dem seit Langem abgestumpften Pferdeleib kaum eine gewünschte Wirkung erreicht. Schluss mit dem Geklopfe, jetzt wurden Sporen verordnet. Natürlich solche mit großen Rädchen und stumpfen Zacken. Diese rollen bei zu heftigem Einsatz am Pferdeleib einfach ab. Die Fußspitzen vermehrt nach außen gestellt, kitzeln sie lediglich das Pferd, das hierauf sehr empfindlich wie gewünscht reagiert.

Kann ein „hartes“ Maul wieder sensibel werden?

Claus Penquitt:
Was nun noch zu wünschen bleibt, ist ein sensibles Pferdemaul. Natürlich hat es das Pferd von Natur aus. Aber bereits mit dem Einreiten kann die Abstumpfung des Maules durch grobes Fehlverhalten des Menschen beginnen. Und so geht es dann weiter und weiter. Gewünscht und sogar vorgeschrieben ist in der deutschen Reitlehre ein Zug am Zügel von nur wenigen Gramm. In der Praxis allerdings ergaben wissenschaftlich fundierte elektronische Messungen eine Zügelzugkraft, und somit einen entsprechenden Druck im Maul, von mehreren Kilogramm. Bei den Probanden handelte es sich um erfahrene Sportreiter (siehe auch Seite 72).

Die Ursache für verschiedenstes Fehlverhalten beim Umgang mit den Zügeln erklärt sich vor allem durch die gravierend mangelhaften Erklärungen zu diesem Thema. Missverständliche Lehrkräfte oder solche, die sich so nennen, sehen allzu häufig tatenlos zu, ja fordern ihre Schülerinnen und Schüler noch auf, mal kräftig die Zügel anzunehmen. Zurückzuführen

Wer das Pferdemaul sensibel erhalten will, muss die Kunst des möglichen Nachgebens der Zügel sorgfältig beachten. Dies gilt auch bei noch so kurzen Pausen.

ist dies auf die missverständliche Anweisung, die Zügel so anzunehmen, dass sich das Pferd an das Gebiss anlehnen und davon abstoßen soll.

Dies führt allzu häufig zu unglaublich hartem Zügelzug. Wenn dann noch das laute und energische Kommando „Rübe runter", womit der Kopf des Pferdes gemeint ist, kommt, dann wird mit den Zügeln so lange hart geriegelt, bis er sich widerstrebend senkt. Solche oder ähnliche Berichte werden mir immer wieder im Unterricht vorgetragen. Kein Wunder, wenn Pferde „hart" im Maul werden.

Vom kurzfristigen Annehmen der Zügel ist noch kein Pferdemaul unsensibel geworden. Man muss nur sofort wieder loslassen können. Hält ein Pferd nach einer entsprechenden Zügelannahme sofort an oder reagiert so wie gewünscht in seiner Bewegung, so müssen die Zügel als Belohnung anfangs sofort deutlich vorschnellen und leicht durchhängend das Maul zur Belohnung entlasten. Bald merkt sich das Pferd diesen Vorgang und wird schon beim Annehmenwollen der Zügel wie gewünscht reagieren.

Aber auch bei kürzesten Pausen sollten die Zügel zur Entlastung des Pferdemauls leicht durchhängen. Wird dies alles hundertmal und mehr konsequent befolgt, so wird sich dann nach und nach eine Besserung der Sensibilität des Pferdes einstellen. Ein kleines Wunder wird geschehen. Jetzt kann es sein, dass man sich selbst bemühen muss, mit den Hilfen noch sensibler zu werden.

Nathalie Penquitt:
Das A und O bei der Sensibilisierung des Pferdes auf feine Hilfen ist die richtige Dosierung. Eine Hilfe muss immer so schwach wie möglich, aber auch so stark wie nötig sein. Hin und wieder muss ein Zügel fest angenommen werden, damit

die gewünschte Reaktion erfolgt. Wichtig ist dann nur, sofort nachzugeben, wenn das Pferd mitmacht. So lernt es mit der Zeit, den Zügel schon bei leichtem Annehmen zu beachten. Würde man sich nicht trauen, einmal fest zu halten und das Pferd erfolgreich am Gegenziehen zu hindern, wird es mit der Zeit immer härter im Maul, weil es lernt, dass Ziehen zum Erfolg führt.

Der gut gemeinte vorsichtige Umgang mit dem Zügel bringt dann genau das Gegenteil und stumpft das Pferd ab. Ich betone aber nochmals, dass das Nachgeben bei kleinsten Anzeichen für die richtige Reaktion des Pferdes der Schlüssel zum weichen Maul ist. Mit der Zeit verfeinert sich das eigene Gespür für den richtigen Moment zum Loslassen so weit, dass man dem Pferd schon entgegenkommen kann, weil man weiß, gleich lässt es locker.

Das gleiche Prinzip gilt auch für die Schenkelhilfen. Manch ein faules, stumpf gewordenes Pferd muss auch mal heftig mit Schenkeln, Gerte oder Sporen getrieben werden, bis es eine Reaktion zeigt und sein Tempo wirklich beschleunigt. Vorher mit Treiben aufzuhören wäre ein fataler Fehler. Es hätte dann gelernt, dass Nichtbeschleunigen durch das Einstellen des Treibens bestätigt wird. Woraufhin es das nächste Mal sicher nicht besser vorangehen wird. Beschleunigt das Pferd allerdings wie gewünscht, bleiben die Schenkel sofort ruhig. Dieses Spiel wird man sicher häufig wiederholen müssen, aber Konsequenz und ein für das Pferd klar durchschaubares Prinzip führen zum Erfolg.

Auf einen Blick

- Zügel- und Schenkelhilfen sollten deutlich sein. Reagiert das Pferd auf eine Hilfe, so muss es in Form von blitzschnellem Nachgeben belohnt werden.
- Um das Pferd nicht schenkelstumpf zu machen, dürfen Knie und Schenkel nur leichten Kontakt mit dem Pferdekörper haben.
- Zur Unterstützung der Hilfen können eine Gerte zum leichten Touchieren und Sporen in besonders pferdeschonender Ausführung eingesetzt werden.
- Auch bei Misserfolgen hilft nur Geduld als wichtigste Maßnahme.

▸ Was hat es mit der „vertrauensvollen Anlehnung" des Pferdes an den Zügel auf sich?

Warum soll sich das Pferd am Gebiss „abstoßen"?
Ich habe nicht genügend Kraft in den Armen, um meinem Pferd die erforderlichen Zügelhilfen zu geben. Sollte ich mir kräfteschonende Hilfszügel anschaffen?

Claus Penquitt:

Obgleich in meiner Reitlehre mit den Zügeln an sich äußerst sparsam umgegangen werden muss, nimmt doch die Art der Zügelführung in dem von uns vermittelten Lehrprogramm einen sehr breiten Raum ein.

Was hat es mit der „vertrauensvollen Anlehnung" des Pferdes an den Zügel auf sich?

Die anfangs zu gebenden Zügelhilfen sollen sehr deutlich sein. Sie entsprechen allerdings in ihrer besonderen Handhabung keineswegs dem üblichen Standard. In ihrer Wirkung aber sind sie für das Pferd ungewöhnlich eindeutig und ungewöhnlich erfolgreich.

Was mit sparsamem Zügelumgang gemeint ist, bezieht sich hauptsächlich auf die Intensität der Zugkraft am Zügel sowie ihre Einwirkungsdauer. Auch hier bestehen gravierende Unterschiede zum üblich vermittelten Reiten. Dazu muss etwas geklärt werden. So entfällt in der von uns gelehrten Reitweise zum Beispiel die üblicherweise verlangte ständige Anlehnung des Pferdes an den Zügel. Dies führt, auch wenn es beharrlich bestritten wird, in der Praxis allzu häufig zu einem sogenanntem harten, also unsensiblen Maul (siehe auch Seite 69).

Vielmehr sollten, sorgfältig abgestuft, die Zügel nur um so viel angenommen werden, wie erforderlich ist, um das Pferd zu verlangsamen bzw. anzuhalten. Dann aber, und das ist das Wichtigste, müssen die Zügel sofort und anfangs ruckartig zur Entlastung des Mauls nahezu vorschnellen. So lernt das Pferd bald, auf zartestes Annehmen der Zügel entsprechend zu reagieren.

Warum soll sich das Pferd am Gebiss „abstoßen"?

Claus Penquitt:

Die im üblich gelehrten Reiten geforderte „vertrauensvolle Anlehnung" des Pferdes an den Zügel soll ja durch leichtes, federndes Gegenhalten der Zügel erreicht werden und in einem Sichabstoßen des Pferdes am Gebiss letztendlich bestehen. Doch diese hervorragende theoretische Forderung kann leider nur von einigen wenigen absoluten Spitzenreiterinnen und -reitern umgesetzt werden. In der allgemeinen Praxis aber führt sie überwiegend zu einem starken Dauerdruck im Pferdemaul. Das überrascht keineswegs, wohl aber das Ausmaß der dabei auftretenden Kräfte.

Selbstverständlich ungewollt werden hier Drücke im Pferdemaul verursacht, die kaum glaubhaft wären, würde nicht eine wissenschaftliche Untersuchung dies belegen. Professor Dr. Holger Preuschoft (Universität Bochum) wollte es genau wissen. Seine elektronischen Messungen ergaben Folgendes:

Entgegen den Forderungen der deutschen Reitlehre, wonach nur wenige Gramm auf die Laden des Pferdemauls einwirken sollen, wurden in der Praxis Zugkräfte am Zügel von bis zu 15 Kilogramm = 15.000 Gramm bei Pferden versierter Sportreiter mit anerkannter Ausbildung registriert. Bei Messungen bestimmter Reitabläufe mit Kandarenzäumung lagen sie sogar noch um einiges höher.

Solche niederschmetternden Ergebnisse sind vor allem auf die Fehlinterpretationen der deutschen Reitlehre, das heißt der mangelhaften Umsetzung in der Praxis durch gedankenlose und mit diesem Thema offensichtlich überforderte Lehrkräfte zurückzuführen. Als Stichwort sei hier nur die schon an Anfänger gerichtete lapidare Aufforderung des „Rübe runter" zu nennen. Diese Aufforderung wird auch an Reiterinnen und Reiter gerichtet, die mit erst vor wenigen Monaten angerittenen

Pferden unterrichtet werden. So beginnt ein Kampf, bei dem es keine Sieger, sondern nur Verlierer gibt.

Die Zügelführung kann eigentlich nur ganzheitlich gesehen werden, das heißt im Rahmen eines langfristigen Ausbildungsprogramms, das eine weitgehend zügelunabhängige Versammlung des Pferdes anstrebt. Daraus ergeben sich natürlich andere Anforderungen an das Reiten. Das zu groben Missverständnissen führende Abstoßen des Pferdes am Gebiss gehört nicht dazu. **Der geduldige Weg ist zwar lang, aber schön, human und zuverlässig.**

Ich habe nicht genügend Kraft in den Armen, um meinem Pferd die erforderlichen Zügelhilfen zu geben. Sollte ich mir kräfteschonende Hilfszügel anschaffen?

Claus Penquitt:
Flaschenzüge dienen dazu, die Körperkraft des Menschen zu verstärken. Eine Umleitung der Zügel über indirekte Wege zum Gebiss, um als zugverstärkendes Mittel zu wirken, ist aber wenig geeignet Ihre Probleme zu lösen. Solche Hilfsmittel gehen immer zu Lasten des Pferdes (siehe auch Seite 41). Argumente für fallbegrenzte Ausnahmen können nicht gesehen werden. Der scheinbar längere Weg über entsprechendes Reiten zu einem kinderleichten, minimalen Kräfteeinsatz wird Sie begeistern (siehe Seite 101). Das ist stets der sicherste und letztendlich der kürzere Weg.

Sinnvolle Zügelführung spart Hilfen und schont das Pferdemaul. Die Kunst einer konsequenten, aber sensiblen Zügelführung liegt im Nachgeben. Hierzu müssen Sie dem Pferd vorerst deutlich, jedoch mit geringstmöglichem Zügelzug zeigen, was es tun soll. Es ist bekannt, dass Reiterinnen und Reiter in erstaunlich kurzer Zeit mit ihren Pferden die von uns gelehrten Lektionen erlernen.

Der Erfolg liegt auch darin begründet, dass die besondere Zügelhaltung dem Pferd wie eine Leitschiene dient.

Hier am Beispiel **Volte**:
Liegt in einer Volte der äußere Zügel **unterhalb** des Widerristes leicht mit der Hand angelegt, so begrenzt dies die Größe der Volte nach außen. Wird der innere Zügel hingegen **höher**, das heißt direkt **über** dem Widerrist gehalten, so biegt das Pferd, durch leichtes Zupfen an diesem Zügel, seinen Hals nach innen und nimmt somit Kopf und Hals korrekt in die gewünschte Richtung.

Da das Pferd in der Volte nach innen gebogen wird, reagiert es normalerweise mit einem Verkleinern der Volte. Nur durch die erklärte deutliche Richtung des inneren Zügels zum Widerrist wird das Pferd, bei kaum erforderlichem Einsatz des inneren Schenkels, die Volte nicht verkleinern. Sie werden mühelos jede beliebige Voltengröße einhalten können. Aber noch ein sehr wichtiger Effekt wird sich einstellen: Auch ohne irgendwelche Hilfszügel und ohne das Pferd mit entsprechendem

Ein leichtes Vibrieren des Zügels genügt, um den Anglo-Araber in die gewünschte Haltung zu stellen. Durch weitere unmerkliche Hilfen (siehe Text) bestimmt Birgit die Größe der Volte. Zum Erlernen der verschiedenen Lektionen hilft eine ganz spezielle Zügelführung.

Kräfteeinsatz „an den Zügel" zu stellen, sondern nur durch den beschriebenen Zügeleinsatz wird das Pferd im Genick nachgeben und nach und nach eine vorbildliche Kopfhaltung auf leichteste Zügelannahme einnehmen, zumal das Pferd, in der Volte deutlich nach innen gestellt, ohnehin nicht mit hoher Kopfhaltung gehen mag und kann.

Zum Thema wäre noch anzumerken, dass Reiten kein Kraftsport, sondern Denksport sein sollte. Ein junges Pferd nicht mit groben Zügelhilfen abzustumpfen oder ein sogenanntes hartes Maul wieder zu sensibilisieren, erfordert Methoden, die das Maul nicht belasten, also schonen, es aber dennoch möglich machen zu erreichen, was erreicht werden soll. Hierzu brauchen Sie kein Muskelprotz zu sein, sondern müssen lediglich gut überlegt handeln.

So wird in einer an sich unüblichen Methode der Zügelführung, die Ihrem Pferd aber logisch erscheint, auf einfache Weise klargemacht, was es zu tun hat. Bei den Seitengängen wird dies besonders deutlich.

Schulterherein lässt sich durch besondere Hilfen, die das Pferd sofort versteht, leicht und mühelos erlernen. Auch hier gilt, dass für gutes Reiten nicht die Muskelkraft des Menschen entscheidend ist, sondern vielmehr sein Gehirn.

Hier am Beispiel **Schulterherein (linksherum)**:

Das Pferd hat beim Schulterherein in einer bestimmten Schrägstellung zu gehen. Sie zeigen ihm daher mit dem äußeren (rechten) Zügel und entsprechendem Druck dieser Hand seitlich am Widerrist klar und eindeutig, dass es die äußere Schulter in der gewünschten Schrägstellung hereinzunehmen hat.

Sie legen also Ihre äußere (rechte) Zügelhand mit so viel Druck an den Widerrist, wie das Pferd seine Schulter und damit seine ganze vordere Körperpartie vom Hufschlag weg nach innen (links) hereinnehmen soll.

Den inneren (linken) Zügel halten Sie leicht verkürzt über dem Widerrist. Er hat für eine leichte Biegung des Pferdes nach innen zu sorgen. Natürlich darf sich das Pferd nicht mit den Hinterbeinen vom Hufschlag entfernen. Gegebenenfalls müssten beide Zügel, in beschriebener Stellung belassen, durch gleichzeitiges zusätzliches Verkürzen dafür sorgen.

Da es sich hier ausschließlich um die Erklärung von Zügelhilfen handelt, sollen die weiteren für das Schulterherein erforderlichen Hilfen an dieser Stelle nicht weiter behandelt werden.

Obwohl Sie glauben könnten, nunmehr alles an Zügelhilfen getan zu haben, beginnt jetzt aber erst die eigentliche Sensibilisierung dieser Hilfen. Sie besteht in einem ständigen Wechselspiel von Annehmen und Nachgeben der Zügel. Beginnen müssen Sie sofort mit dem Nachgeben.

Das heißt, unmittelbar nachdem Sie mit dem Schulterherein angefangen haben, müssen Sie bereits beginnen, beide Zügel nachzugeben, den seitlichen Druck der äußeren (rechten) Zügelhand zu verringern und den leichten Zug am inneren (linken) Zügel noch leichter werden zu lassen. Die beschriebene Lage der Zügel darf aber unter keinen Umständen verändert werden.

Anfangs wird das Pferd sofort versuchen, sich vom Hufschlag zu entfernen sowie die Schrägstellung und damit das Schulterherein aufgeben zu wollen. Sie müssen vorausdenkend darauf gefasst sein, um blitzschnell reagieren zu können. Trotzdem wird das Nachgeben der Zügel von nun an für Sie großgeschrieben.

Zeigen Sie hierbei Geduld und Ausdauer, so werden Sie königlich belohnt. Irgendwann hat Ihr Pferd gelernt, wie Sie das mit dem ständigen Nachgeben meinen. Ihre Zügel halten Sie nun lediglich in entsprechender Stellung, ohne irgendwelchen Zug.

Allein aus Ihrer für das Schulterherein erforderlichen Körperhaltung wird Ihr Pferd wissen, was zu tun ist. Und wie von Zauberhand gelenkt, wird es so und später auch in jedem anderen Seitengang mit nahezu nur gedachten Hilfen gehen.

Dies ist der Schlüssel zum sensiblen und nahezu zuglosen Einsatz der Zügel und zum Reiten mit minimalem Kraftaufwand. Und wenn Sie mein Pferd Watani 12 einmal in einer Show **ohne Zügel** im Jog oder Galopp, beim Stopp, bei engen Wendungen oder beim Rückwärtsgehen gesehen haben, dann wissen Sie, wie er dies alles gelernt hat.

Nathalie Penquitt:
Dem bereits Geschriebenen kann ich nur zustimmen, möchte es aber noch um ein Thema ergänzen. Häufig ist die Rede davon, dass das Pferd am äußeren Zügel stehen soll. Es ist geradezu verpönt, den inneren Zügel zu benutzen. Ich denke, man muss auf jeden Fall den jeweiligen Ausbildungsstand des Pferdes berücksichtigen.

Handelt es sich um ein bereits nach beiden Seiten gut gebogenes Pferd, wird der innere Zügel immer unwichtiger. Das Pferd bleibt bei leichtem Zügelkontakt außen in der korrekten Biegung. Nachgeben am inneren Zügel veranlasst es zum Halsentspannen und Kopfsenken.

Anders sieht es aus, solange das Pferd noch steif ist und das Prinzip von Nachgeben und Lockerlassen noch nicht verstanden hat. Der innere Zügel wird dicht am Pferd in einer Aufwärtsbewegung eingesetzt, bis das Pferd einen Hauch von Biegung zeigt. Dann wird wieder nachgegeben.

Der äußere Zügel ist dabei locker, sodass das Pferd nicht durch beidseitige Zügeleinwirkung irritiert wird und sich ungehindert biegen kann. Bereitet die Biegung in jede Richtung keine Probleme mehr, gewinnt der äußere Zügel wieder an Bedeutung. Über ihn kann dann eine leichte Verbindung gehalten werden, während der innere Zügel zum Spieler wird.

Auf einen Blick

- Die Forderung der Anlehnung des Pferdes an den Zügel sowie des Abstoßens am Gebiss führt zu fatalen Irrungen.
- Die Umsetzung der deutschen Reitlehre in diesen Punkten erfolgt leider meistens nicht wie gefordert mit einem minimalen Kraftaufwand. Aus wenigen Gramm in der Theorie werden in der Praxis viele Kilogramm an Zugkraft.
- Die Umsetzung der Zügeleinwirkung sollte im Nachgeben liegen.
- Kräftesparende Zügelumleitungen in Form von Hilfszügeln sind unsinnig und wirken kontraproduktiv.
- Die Durchlässigkeit eines Pferdes lässt sich nicht durch entsprechenden Zügelzug beeinflussen.
- Die Art und Weise des Zügeleinsatzes hängt vom Ausbildungsstand des Pferdes ab.

Ist für das Einreiten eine spezielle Zügelführung erforderlich?

Was bedeutet, dass der Zügel den Weg zeigen soll?

Ist für das Einreiten eine spezielle Zügelführung erforderlich?

Claus Penquitt:

Eva nahm zum Kennenlernen meiner Reitweise an einem Einführungskurs teil. Sie war gerade dabei, in einem Slalom um die auf der Mittellinie im Abstand von ca. acht Schritten aufgestellten Pylonen zu reiten. Zum Reiten der wechselnden Bogenlinien hielt sie den jeweils inneren Zügel weit vom Pferd abgespreizt nach innen. Der Kopf des Pferdes zeigte durch den seitlich gebogenen Hals stark nach innen. Um diesem Zustand auszuweichen, drückte das Pferd mit den Hinterbeinen nach außen.

Dabei verlagerte Eva ihr Gewicht durch weites seitliches Nachinnenlehnen ihres Oberkörpers. Hierdurch knickte sie in der inneren Hüfte erheblich ein. Um die gymnastischen Verrenkungen zu komplettieren, hatte sie ihren Oberkörper nach vorn gebeugt und den Kopf in Geradeausstellung nach unten gesenkt. So versuchte sie krampfhaft und mühselig ihre Lektion zu reiten, was ihr natürlich nicht gelang.

Es konnte vielmehr der berechtigte Eindruck entstehen, dass Ross und Reiter zu viel Promille hatten. Hier war so gut wie alles falsch gemacht worden. Das Geschilderte konnte kein Pferd verkraften, geschweige ein noch sehr junges Pferd der am Ende geglaubten Einreitphase. Die unglückliche Haltung der Reiterin bei den vermeintlichen Hilfengebungen verursachte beim Pferd erhebliche Irritationen. Sie brachten das Pferd völlig aus dem so wichtigen Gleichgewicht, das doch zum Tragen der Reiterlast unerlässlich ist.

Eva meinte, sie habe es so auf einem Reitplatz mehrfach gesehen. Auch sei ihr erklärt worden, dass es so gemacht werden müsse. Ähnliches berichteten mir auch andere, und auch ich hatte die geschilderten Verrenkungen in verschiedenster Ausführung sehen dürfen. Aber wie soll es nun pferdegerecht gemacht werden?

Was bedeutet, dass der Zügel den Weg zeigen soll?

Claus Penquitt:
Zunächst zum Sitz: Eigentlich soll hier die Frage der Zügelführung bei einem jungen Pferd behandelt werden. Da aber zu den jeweiligen Lektionen bestimmte Körperhaltungen bei der Zügelführung unbedingt erforderlich sind, muss hierauf auch eingegangen werden.

Bei jeder Art von Richtungsänderung, also auch beim Reiten von Schlangenlinien oder Volten, wird der Oberkörper ständig senkrecht gehalten, das heißt weder zur Seite noch nach vorn geneigt. Der Kopf ist aufrecht zu halten. Auf keinen Fall darf er nach unten gerichtet werden. Vor einer Richtungsänderung ist er rechtzeitig in diese hinzuwenden. So ist unbedingt auch der Oberkörper so zu drehen, dass er ebenso dem Pferd die Richtung anzeigt. Hierzu wird die innere Schulter, die unter keinen Umständen absinken darf, zurückgenommen, die innere Hüfte aber leicht vor. So stehen bei Wendungen, Zirkeln oder Volten die Schultern des Menschen parallel zu denen des Pferdes.

Nun zu den Zügeln: Beim Geradeausreiten mit einem einzureitenden Pferd werden beide Zügel etwas weiter vom Widerrist

Durch Blickrichtung und Drehung des Oberkörpers unterstützt hier Nele Schmischke das Pferd, den Pylon in einer Volte zu umrunden.

entfernt und eine Handbreit höher als üblich gehalten. Dem jungen Pferd, das noch nicht richtig geradeaus gehen kann, gebe ich damit etwas Spielraum bei meinem Dirigieren. Auch werden durch das Höherhalten der Zügel die Laden des Pferdes entlastet. Bei Richtungsänderungen, Wendungen, Zirkeln, Volten und dergleichen liegt der äußere Zügel mit etwas Druck seitlich am Widerrist.

Der innere Zügel hingegen sollte in der Einreitphase weit vom Pferd abgespreizt und mit der erforderlichen Annahme in die gewollte Richtung wirkend nun den Weg zeigen. Der Zügel darf jedoch nicht so stark angenommen werden, dass der Kopf des Pferdes nach innen gezogen wird. Der Zügeleinsatz muss unbedingt im Einklang mit der hinlänglich erklärten Körperhaltung der Reiterin bzw. des Reiters erfolgen. Wichtig ist aber auch, dass der äußere Zügel um so viel nachgegeben werden muss, wie der innere angenommen wird.

Aber schon jetzt eine seitliche Biegung des Pferdes in die Bewegungsrichtung erwarten oder etwa fordern darf man auf keinen Fall. Gleiches gilt für eine korrekte Kopfhaltung. Wer hier die begehrte Senkrechte der Stirn-Nasen-Linie bereits erzwingen will, der handelt gegen jegliche Vernunft und wird es später noch bitter bereuen. Das Biegen und Beugen des Pferdes liegt noch in weiter Ferne. Wer hier Geduld zeigt, kann eine schöne Belohnung von seinem Pferd zu gegebener Zeit erwarten.

Nathalie Penquitt:

Beim Einreiten eines Pferdes muss man bedenken, dass es das Prinzip der Zügeleinwirkung über das Gebiss erst verstehen lernen muss. Ich bereite das vom Boden aus vor. Zunächst lernt das Pferd bei einseitigem Zügelzug seinen Kopf in die entsprechende Richtung zu wenden. Dafür erhält es dann eine Belohnung. Das Kauen fördert zusätzlich das Annehmen des Gebisses, auch wenn einigen Pferden die ersten paar Leckerli leicht aus dem Maul fallen. Versteht das Pferd dann, dass Druck nicht mit Gegendruck, sondern besser mit Nachgeben zu beantworten ist, haben wir es gut für die ersten Lenkversuche unter dem Sattel vorbereitet.

Fast jeder Reiter neigt dazu, seine innere Hand nach unten zu ziehen, wenn er versucht, deutlich in eine Richtung zu lenken. Darauf reagieren die meisten Pferde mit Ausbrechen nach außen. Viel besser funktioniert es, wenn man die innere Hand deutlich anhebt. Das Pferd folgt der hohen Hand, wenn auch aus dem Sitz die dazupassenden Hilfen gegeben werden.

Beim jungen Pferd wird diese zusätzlich etwas in die gewünschte Richtung abgespreizt, um die Hilfe besonders leicht verständlich zu machen. Später kann darauf immer mehr verzichtet werden.

Auf einen Blick

- Zunächst zeigt der Oberkörper des Reiters dem Pferd den vorgesehenen Weg. Hierauf ist bei einem jungen Pferd auch die Zügelführung einzurichten.
- Wenn auch nicht gerade üblich, wird durch weites Abspreizen des inneren Zügels dem jungen Pferd eine Richtungsänderung angezeigt.
- In der Einreitphase und mindestens ein Jahr danach sollte die Kopfhaltung des Pferdes durch Zügeleinwirkung nicht beeinflusst werden.

Gibt es Regeln für die einhändige Zügelführung?

Mit welchem Gebiss kann ich einhändig reiten?
Wie und mit welcher Hand halte ich am besten die Zügel?

Gibt es Regeln für die einhändige Zügelführung?

Claus Penquitt:
Norbert hatte sein vierjähriges Pferd, wie er sagte, von einer Spitzentrainerin einreiten lassen. Stolz wie ein Spanier zeigte er nun beim ersten Vorreiten seine Künste. Norbert, ein wirklich gut aussehender Typ, hatte sein erst vor wenigen Monaten eingerittenes Pferd korrekt mit einem Snaffle Bit (amerikanische Wassertrense) ausgerüstet. Dennoch kam er einhändig reitend in die Bahn. Sein junges Pferd, etwas aufgeregt, musste er stark zurückhalten, wogegen es sich wehrte. Es war verständlich, denn das ja ohne Begrenzung gebrochene Mundstück wirkte bei einhändigem Reiten bei angenommenen Zügeln wie ein Nussknacker.

Auf der Mittellinie der Bahn waren vier Pylonen im Abstand von ca. zehn Schritten aufgebaut, um die herum Volten im Schritt geritten werden sollten. In welcher spezifischen Körper- und Zügelhaltung Volten zunächst beidhändig geritten werden, war eingehend erklärt worden (siehe hierzu auch Seite 73). Die Aufgabe lautete, dass zwei Volten linksherum und hinter Bahnpunkt X zwei Volten rechtsherum geritten werden sollten. An sich eine einfache Übung.

Aber Norbert hatte andere Vorstellungen. Zunächst verzichtete er auf das von mir erwünschte Warmreiten des Pferdes und begann die erste Volte zu reiten. Hierzu hielt er beide Zügel in einer Hand und versuchte verzweifelt durch seitliches Nachinnenziehen, den äußeren Zügel über den Hals des Pferdes hinweg, es zu bewegen, auf der Voltenlinie zu gehen.

Das Pferd konnte eine solche Tortur nicht verstehen. Es verdrehte seinen Kopf und versuchte sich zu befreien. Ich unterbrach dieses unschöne Gezerre. Norbert meinte jedoch, dass sein Pferd „da durchmüsse“, denn nur einhändiges Reiten könne wirkliche, lässige Eleganz ausstrahlen. Eigentlich könne man das auch mit beidhändigem Reiten erreichen, dachte ich so und konnte nur noch den Kopf schütteln.

Natürlich könnte Norbert sofort nach dem Einreiten seines Pferdes, und mit welchem Gebiss auch immer, hin und wieder einhändig reiten. Dies allerdings nur mit einer gravierenden Einschränkung. Einhändig reiten dürfte er nur beim entspannten Geradeausbummeln im Gelände oder auf dem Reitplatz mit locker gehaltenen Zügeln. Das einhändige Reiten kann hier sogar von Vorteil sein. Erschreckt sich zum Beispiel das Pferd beim Bummeln in lockerer Zügelführung und will das Weite suchen, müsste man bei beidhändiger Haltung der Zügel diese zum Straffen hastig annehmen, aber dennoch zeitraubend aufsammeln. Bei einhändiger Zügelführung kann mit blitzschnellem Griff der freien Hand vorgefasst und die Zügel entsprechend verkürzt werden.

Mit welchem Gebiss kann ich einhändig reiten?

Claus Penquitt:
Aus dem Vorhergesagten ist zu entnehmen, dass sowohl die einhändige Zügelführung als auch die Art der Zäumung physikalischen Grundsätzen unterliegen. Hat das Pferd einen bestimmten Ausbildungsstand erreicht, indem es sich in den Seitengängen seitlich gut biegt und auch eine gute Kopfhaltung zeigt sowie gut untertritt, so kann es auf Kandare oder kandarenähnlich wirkende Zäumung umgestellt werden. Nun hätte auch unser Norbert bald mit dem echten einhändigen Reiten versuchsweise beginnen können. Aber auch jetzt noch wäre Norbert, wenn er das Reiten nicht schon aufgegeben hat, trotz seiner „Einhandreitsucht" gut beraten, von Zeit zu Zeit zu beidhändiger Zügelführung zurückzukehren.

1 Ein bereits fortgeschrittener Ausbildungsstand ermöglicht es Birgit, mit ihrem Anglo-Araber so schön locker und leicht seitlich über eine Stange einhändig zu traversieren.
2 In gleicher Art zeigt es Uta mit ihrem Haflinger beim Überqueren des Stufenplateaus.

1

2

Wie und mit welcher Hand halte ich am besten die Zügel?

Claus Penquitt:
Das korrekte einhändige Halten der Zügel hängt von Ihrer Fingerfertigkeit ab, die aber schnell zu lernen ist. Sie legen die Zügel übereinander in die Handfläche und stecken den Zeigefinger zwischen die Zügel. Nun schließen Sie die Hand zur Faust und legen den Daumen fest auf den oberen Zügel. Welcher Zügel oben liegen soll, wird durch die Richtung, in die Sie reiten wollen, bestimmt. Wollen Sie zum Beispiel rechtsherum reiten, so muss der rechte Zügel oben, also unter dem Daumen liegen. So können Sie abwechselnd mit Daumen und Zeige-

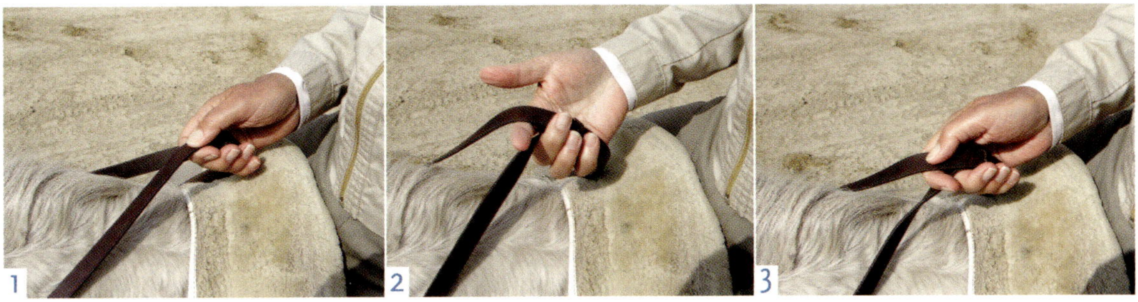

1 **Hier soll es linksherum gehen. Somit liegt der innere (linke) Zügel oben.**
2 **Soll die Richtung nach rechts gewechselt werden, muss der untere (rechte) Zügel mithilfe des Zeigefingers nach oben.**
3 **Nach einiger Übung geht dieser Wechsel recht einfach und blitzschnell.**

finger vorgreifen und beim Zurückziehen recht schnell den inneren und oben liegenden Zügel verkürzen.

Bei einem Richtungswechsel muss nun der untere Zügel nach oben kommen. Hierzu nehme ich den zwischen den Zügeln liegenden Zeigefinger heraus, führe ihn bei Zügelhaltung in der rechten Hand über den oberen Zügel hinweg (bei linker Hand unter dem unteren Zügel hindurch) und wieder zwischen die Zügel. Hierbei wandert der untere Zügel nach oben und wird beim Richtungswechsel nun der innere Zügel. Das hört sich alles sehr kompliziert an, ist es aber nicht. Hier hilft nur üben.

Mit welcher Hand nun beide Zügel geführt werden sollen, können Sie selbst bestimmen. Früher war es zwangsläufig die linke Hand, denn in die rechte gehörte der Säbel. Später brachte man Menschen zwar anders um, doch die Zügelhand wurde nicht gewechselt. In den Gebrauchsreitweisen musste die rechte Hand ohnehin zum Arbeiten frei bleiben. Obwohl Sie aber sicherlich nicht vom Pferd aus arbeiten müssen, sollten Sie aus Fairness gegenüber dem Pferd zur Zügelführung Ihre linke Hand einsetzen, da diese allgemein die schwächere ist, sofern Sie kein Linkshänder sind.

Ich bin für präzises Reiten bekannt. Meine Zügeltechnik verhalf mir wesentlich hierzu, und sie kann auch von Ihnen beherrscht werden. Wenn ich zwischen nur sechs bis maximal acht Schritt auseinanderstehenden Pylonen einhändig eine Zick-Zack-Traversale mit ständig fliegenden Wechseln ritt, mussten verdammt schnell die Zügel gewechselt und dabei noch der innere verkürzt und der äußere um so viel verlängert werden. Das können Sie auch. Für diese Fingerfertigkeit hilft nur, ich sage es noch mal, üben und üben. Doch die kleine Mühe wird belohnt werden, wenn Sie dann leicht, locker und mit strahlendem Gesicht ein zufriedenes Pferd reiten können.

Nathalie Penquitt:
Den Überlegungen, welche Hand die Zügel führen sollte, möchte ich noch etwas hinzufügen. Der Reiter neigt dazu, auf der Seite, auf der er die Zügel führt, seine innere Schulter in Bögen

oder Wendungen nicht ausreichend nach hinten zu nehmen. Um dem entgegenzuwirken, bietet es sich an, die Zügel in die linke Hand zu nehmen, wenn man sich nach links besser mitdrehen kann. Um sich selbst besser kontrollieren zu können, kann eine Hand an die Hüfte gestemmt werden. Nun erkennt man deutlich an der Richtung des Ellbogens, ob diese Schulter vor- oder zurückgedreht wird.

Auf einen Blick

- Einhändig reiten kann man in jeder Ausbildungsphase, wenn es um Bummeln am nahezu hingegebenen Zügel geht.
- Für das korrekte einhändige Reiten müssen Pferd und Reiter einen fortgeschrittenen Ausbildungsstand haben. Nur dann sind die erforderlichen Zügelhilfen möglich.
- Eine einhändige Zügelführung ist auch nur dann möglich, wenn der Ausbildungsstand des Pferdes eine Kandarenzäumung erlaubt.
- Bei einhändiger Zügelführung werden die Zügel im Allgemeinen in der linken Hand gehalten.

Was muss ich tun, um mit meinem Pferd im Gleichgewicht zu sein?

Welche Fehler werden bei den Gewichtshilfen am häufigsten gemacht und wie wirken sich diese aus?
Warum ist Vornüberbeugen als Gewichtshilfe nicht geeignet?

Was muss ich tun, um mit meinem Pferd im Gleichgewicht zu sein?

Claus Penquitt:
Haben Sie das instinktive Verhalten des Pferdes, stets im Gleichgewicht sein zu wollen, erkannt und wollen sich dieses zunutze machen, so besitzen Sie grundsätzliche Voraussetzungen für korrekte Gewichtshilfen beim Reiten.

Welche Fehler werden bei den Gewichtshilfen am häufigsten gemacht und wie wirken sich diese aus?

Claus Penquitt:
Verlagern Sie Ihr Gewicht in einer Volte bei senkrecht bleibendem Oberkörper leicht nach außen, so wird die Volte größer werden. Warum ist das so? Nun, das Pferd will dieses einseitige Übergewicht auffangen und tritt folglich zu dieser Seite hin. Es will dadurch das Gleichgewicht wiederherstellen und hat instinktiv nichts anderes getan als eine physikalische Gesetzmäßigkeit befolgt.

Nun hat nicht jeder den rechten Glauben, sich auch beim Reiten an physikalische Regeln halten zu müssen. So werden dann Gewichts-„Hilfen“ gegeben, die ein Pferd eher behindern, als dass sie ihm helfen.

Hierzu einige Beispiele:
Das Pferd soll von links nach rechts traversieren. Hierzu muss es das äußere, also linke Beinpaar über das innere, rechte Beinpaar vorwärts-seitwärts kreuzen. Da die Bewegungsrichtung des Pferdes nach rechts verläuft, müssen Sie folglich auch Ihr Gewicht nach rechts, also in die Bewegungsrichtung verlagern. Dies tun Sie natürlich nur mit senkrecht gehaltenem Oberkörper.

So veranlassen Sie Ihr Pferd, dahin zu treten, wo das Übergewicht herrscht. Es will ja das Gleichgewicht mit der zu tragenden Last wiederherstellen. Nun tritt es zwangsläufig in die Bewegungsrichtung. Zumindest anfangs sollten Sie hierbei Ihre Absicht durch einen entsprechenden Druck des äußeren Schenkels unterstützen.

Etwas sehr Wesentliches haben Sie mit Ihrer Gewichtsverlagerung zur Innenseite des Pferdes, also in die Bewegungsrichtung, gleichfalls erreicht. Sie entlasten das äußere Beinpaar des Pferdes. Wie bereits erklärt, muss dieses ja beim Traversieren das beschwerliche Vorwärts-seitwärts-Kreuzen über das innere Beinpaar bewerkstelligen. So kommt diese Entlastung dem Pferd sehr zugute. Sie werden dies zur Belohnung auch bald durch ein ständig flüssiger werdendes Traversieren bemerken können.

Was aber geschieht, wenn das Körpergewicht fälschlich nach außen, also gegen die Bewegungsrichtung verlagert wird? Hierzu gehört auch noch die nach außen abgeknickte Hüfte sowie der vom Pferd abgespreizte innere Schenkel. Durch diese Körperhaltung wird beabsichtigt, das Pferd in die Bewegungsrichtung zu schieben. Jetzt ist die Misere perfekt.

Obgleich das äußere Beinpaar nun besonders erschwerend belastet ist, wird sich das Pferd in diese Richtung schieben lassen. Es wird sich aber fehlbelastet und unwohl fühlen. Zwar kann es, wenn auch mühsam, vor dem Ungleichgewicht fliehen, aber nicht das Gleichgewicht wiederherstellen. So vermasselt man das auf physikalischen Erkenntnissen sinnvoll aufgebaute System der Gewichtshilfen und landet schließlich in einer Sackgasse.

Den Travers oder die verschiedenen Formen der Traversalen zu reiten, ist allerdings bei solch einem Vorgehen nicht mehr möglich. Allenfalls wird den Reitern, die so verfahren, eine Volltraversale gelingen. Derart gravierende Fehler blockieren allerdings jegliche Möglichkeit eines leicht und locker schwingenden Reitens. Wie man in alten Schriften nachlesen kann, hatten bereits die Reitmeister vergangener Jahrhunderte das geschilderte Problem mit ihren Schülern.

Ein sehr häufig zu beobachtender Fehler: Das innere Bein ist abgespreizt, die äußere Hüfte eingeknickt. So versucht der Reiter sein Pferd nach rechts in den Travers, bzw. eine Traversale zu schieben.

Nathalie Penquitt:
Es gibt verschiedene Beispiele, um die Wirkung der Gewichtsverlagerung zu verdeutlichen. Stellen wir uns einen Kellner vor, der ein Tablett mit vielen Gläsern trägt. Beginnt dieses nach außen zu schwanken, muss sich auch der Kellner in diese Richtung bewegen, um die Last im Gleichgewicht zu halten. Ähnlich reagiert das Pferd auf seinen Reiter, es sei denn, man hat ihm mühsam eine andere Reaktion antrainiert. Besonders junge Pferde reagieren empfindlich auf unsinnige Gewichtsverlagerungen und verstehen die Reiterhilfen dann überhaupt nicht mehr.

Im Reitunterricht beobachte ich häufig, dass die Schüler Schwierigkeiten haben, den Schenkel auf der einen Seite zu benutzen und das Gewicht auf die andere Seite zu verlagern. Doch in den meisten Fällen ist genau das die sinnvolle Kombination.

Auch auf einem Stuhl sitzend kann man mehr seinen linken oder rechten Gesäßknochen spüren, je nachdem, wie das Gewicht verlagert wird. Trotzdem kann man dabei senkrecht sitzen bleiben.

1 **Nathalie Penquitt demonstriert eine Drehung nach links, bei der das Gewicht aber nach außen verlagert wird. So kommt es leicht dazu, dass der Sattel in den Kurven nach außen rutscht und das Pferd ausbricht.**
2 **So ist es richtig: Das Gewicht wird in einer Kurve über das innere Bein verlagert, während sich die Reiterin nach innen dreht. Beide Schultern bleiben gleich hoch, der Oberkörper senkrecht.**

Warum ist Vornüberbeugen als Gewichtshilfe nicht geeignet?

Claus Penquitt:
Beliebt ist auch das Vornüberbeugen des Oberkörpers als Beschleunigungshilfe. Tatsächlich wird das Pferd hierdurch schneller werden. Wer den Grund kennt, wird es schleunigst sein lassen, es sei denn, es interessiert weder die eigene Körperhaltung noch die bei solch einem Reiten auf Dauer schädliche Belastung der Vorderbeine des Pferdes.

Wie auch im vorhergehenden Fall wird hier zu gedankenlos verfahren, obgleich man eigentlich doch nur das Beste für sein Pferd möchte. Nun wird diese „Beschleunigungshilfe“ nicht gleich eine körperliche Schädigung des Pferdes verursachen. Nur, was geschieht bei dieser Art einer „treibenden Gewichtshilfe“? Das Gewicht wird wie gesagt auf die Vorderbeine verlagert. Dieser unangenehmen Mehrbelastung will sich das Pferd durch Weglaufen entziehen.

Nur kommt der Schub leider nicht von den Hinterbeinen. Kann er auch nicht, denn hierzu hätten Sie als treibende Hilfe Ihr Becken nach hinten abkippen müssen. Dies aber geht nicht, wenn Sie Ihren Oberkörper vornüberbeugen. Auch in diesem Fall wird der Weg zum anspruchsvolleren Reiten durch eine unüberlegte falsche Gewichtshilfe verbaut. Auch kann das häufig zu beobachtende Vornüberbeugen beim Rückwärtstreten unangenehme Folgen haben (siehe auch Seite 110).

Anhand dieser wenigen Beispiele können Sie bereits ermessen, wie wichtig die Anwendung gut durchdachter Gewichtshilfen ist. Sie konnten erkennen, dass ein Fehler bei der Hilfengebung unweigerlich andere nach sich zieht.

Und noch eines: Eine unerlässliche Voraussetzung für wirksame Gewichtshilfen ist ein guter fester Sitz. Ohne diesen werden Sie sonst bei Ihrem Reiten in einer Sackgasse landen.

Auf einen Blick

- Die Gewichtshilfen beruhen auf physikalischen Regeln.
- Das Pferd will die zu tragende Last so ausbalancieren, dass es mit ihr im Gleichgewicht ist.
- Der Reiter macht sich das Gleichgewichtsbedürfnis des Pferdes zunutze, indem er umsichtig sein Gewicht in die Richtung verlagert, in die das Pferd gehen soll.

Was für eine Hilfe ist der Bügeltritt?

Wann kann ich diese Hilfe einsetzen?

Claus Penquitt:

Die Teilnehmer eines Einführungskurses waren eingetroffen, und wie meistens üblich erklärte ich mit einem Pferd von mir in praktischen Beispielen, wie ich mir das zu Erlernende in meiner Art zu reiten vorstelle. Es war ein wunderschöner Frühsommertag, und meinem Pferd und auch mir machte es richtig Spaß zu reiten. So zeigten wir auch etwas mehr als üblich.

Im nachfolgenden Gespräch ging es hoch her. Vor allem regte es die Teilnehmer auf, dass sie so gut wie keine Hilfen gesehen hätten und ich auch noch einhändig geritten sei. Eigentlich hätte ich fast nur still gesessen, aber das Pferd habe trotzdem alles vorher Angekündigte getan. Nein, so war es nun doch nicht. Bei den Volten hatte ich sehr wohl den jeweils inneren Zügel verkürzt und meinen Oberkörper in die Bewegungsrichtung gedreht.

Was für eine Hilfe ist der Bügeltritt?

Ohne eine sichtbare Hilfe oder Anstrengung des Reiters zeigt hier mein Lusitano Vigoroso die Traversale. Hierzu genügt bei einem fortgeschrittenen Ausbildungsstand der sogenannte Bügeltritt.

Drohten die Volten zu klein zu werden, so verlagerte ich mein Gewicht durch einen verstärkten Tritt auf den äußeren Bügel etwas nach außen, und mein Pferd folgte dieser Gewichtsverlagerung, um wieder im Gleichgewicht mit mir zu sein. So lenkte ich mein Pferd auch durch Gewichtsverlagerung mittels Bügeltritt in einer Traversale oder im Travers, Renvers sowie dem Schulterherein auf dem Hufschlag entlang. Der Bügeltritt, die unsichtbare Hilfe, macht's möglich.

Korrekte Gewichtshilfen begreift das Pferd in einem entsprechenden Ausbildungsstand relativ schnell. Eine einfache Begründung ist darin zu finden, dass das Pferd im Verhältnis zu seiner Länge gesehen recht schmal ist. Somit bedarf es eigentlich nicht sehr viel, um das Gleichgewicht zur Seite hin in gewollter Weise zu beeinflussen.

Nur um es nochmals zu sagen: Unerlässliche Voraussetzung für wirksame Gewichtshilfen ist ein korrekter Sitz. Dieser, einmal erlernt, stört weder das Gleichgewicht, die Balance des Pferdes, noch ruft er bei Ihnen Verspannungen hervor. So können Sie entspannt Ihrem Pferd jede erforderliche Hilfe locker und leicht in feinster Form verständlich machen. Je mehr dieses gelingt, desto unmerklicher werden die Hilfen.

Claus Penquitt:
Sind Sie so weit fortgeschritten, dass Sie Seitengänge mit bereits erheblich verminderten Hilfen reiten können, dann wird das Pferd bald auf feinste Gewichts- und Schenkelhilfen reagieren. Jetzt wird die Zeit reif für den Bügeltritt. Ein Tritt, bei dem nur der Druck des Fußes auf einen Steigbügel verstärkt wird. Der sogenannte Bügeltritt kann sowohl als eine Verfeinerung der Gewichts- als auch der Schenkelhilfen aufgefasst werden. Beide kann der Bügeltritt teilweise oder auch völlig ersetzen. So kann bei einem fein gerittenen Pferd ein deutlich verstärkter Tritt auf den inneren Steigbügel jegliche Schenkelhilfe erübrigen.

Bei diesem Grad der Ausbildung hören alle sichtbaren Einwirkungen der Reiterin bzw. des Reiters auf. Sie werden in Ihrer ruhigen, natürlich schönen Haltung alle Bewegungen des Pferdes in anscheinend vollständiger Untätigkeit mitmachen, als wären Sie ein angeborener Teil Ihres Pferdes. So etwa meinte es auch der alte Reitmeister Gustav Steinbrecht.

Wann kann ich diese Hilfe einsetzen?

Nathalie Penquitt:
Um die Gewichtshilfe besser zu verstehen, hilft die folgende kleine Übung. Oft besteht die Vorstellung, man müsste sich für die Gewichtshilfe deutlich in die Richtung lehnen. Das ist nicht der Fall. Man stelle sich einfach auf ein Bein. Nun wird man feststellen, dass der Oberkörper dabei ganz gerade bleiben kann, obwohl man eindeutig sein Gewicht nur auf einen Fuß verlagert hat. Nichts anderes ist der Bügeltritt.

Auf einen Blick

- Der Bügeltritt ist sowohl die feinste Gewichtshilfe als auch in gewissem Umfang die feinste Schenkelhilfe.
- Der Bügeltritt kann bei einer Traversale in der Bewegungsrichtung als Gewichtshilfe dienen und die von außen treibende Schenkelhilfe ersetzen.

Wie lobe ich richtig?

Was ist eigentlich das Clickertraining?

Wie lobe ich richtig?

Nathalie Penquitt:
Viele haben Angst, sie würden ihr Pferd zum Betteln erziehen, wenn sie es mit Futter loben. Futter ist aber das eindeutigste und stärkste Lob für das Pferd. Diese Wirkung sollte man sich unbedingt zunutze machen. Beachtet man einige Grundregeln, ist die Gefahr des Bettelns sehr gering. Sie ist natürlich noch da, aber sicher käme keiner auf die Idee, einem Kind kein Sprechen beizubringen, nur damit es nicht dazwischenredet.

Der sicherste Weg gegen das Betteln ist das Verständnis des Pferdes, wann und wofür es die Belohnung erhält. Dazu führen Sie bei Ihrem Pferd ein Lobwort ein, das ab jetzt immer die Belohnung ankündigt. Wählen Sie ein Wort, das Ihnen nicht ständig zwischendurch herausrutscht, aber trotzdem gut über die Lippen kommt. Wie wäre es mit „Super“ oder „Okay“ oder „Klasse“ oder „Brav“? Wenn Sie sich entschieden haben, bedeutet dieses Wort ab jetzt für Ihr Pferd: „Das hast du toll gemacht,

Auch Übungen wie das Kopfsenken am lockeren Zügel können gelobt und belohnt werden. Lena wird Smartie gleich mit der Stimme loben und ihm ein Leckerli reichen, damit das Pferd diese Haltung mit etwas Positivem verknüpft.

ich gebe dir ein Leckerli." Sagen Sie das Wort genau in dem Moment, in dem das Pferd das Gewünschte ausführt. Mit der Zeit wird es die Bedeutung des Wortes sehr genau kennen und ohne Lobwort auch kein Leckerli erwarten.

Eine andere Methode, dem Pferd etwas beizubringen, ist über das Nachlassen von Druck, wie beispielsweise beim Nachgeben der Zügel oder dem Einstellen der treibenden Hilfen. Beim Reiten sollte man dann allerdings nicht vergessen, zusätzlich zu loben. Diese positive Verstärkung erhöht die Motivation zum Mitmachen erheblich. Besonders im Bereich der Zirkuslektionen wäre vieles ohne den eigenen Antrieb des Pferdes undenkbar. Man stelle sich vor, ein Pferd steht vor einem Ball und soll diesen über den Reitplatz rollen. Mit Nachlassen von Druck kann man in dieser Situation nichts erreichen. Die einzige Möglichkeit zum Erfolg ist der eigene Antrieb des Pferdes, Neues zu versuchen. Es darf keine Angst vor der Bestrafung von Fehlern haben, das würde jegliche Motivation töten. Macht es dann einen Schritt in die richtige Richtung, wird es gelobt und belohnt. So bleibt es mit Eifer dabei.

Was ist eigentlich das Clickertraining?

Claus Penquitt:
Als ich das erste Mal von diesem Ding hörte, das Pferde als positive Bestätigung für etwas Getanes auffassen sollten, habe ich an Firlefanz gedacht und die Sache als für mich erledigt betrachtet. Das erklärte ich auch gelegentlich meiner Tochter Nathalie, die mich erstaunt ansah. Sie würde schon seit längerer Zeit die Clickermethode mit bestem Erfolg anwenden. Die Bezeichnung als Firlefanz musste ich wohl oder übel zurücknehmen, als es auch bei mir „clickte".

Nathalie Penquitt:
Das Clickertraining wurde beim Delphintraining entwickelt. Diese intelligenten, lernbegeisterten Tiere brauchten ein System, mit dem man sie eindeutig, auf den Punkt genau auch über größere Entfernungen loben konnte. Auch in Zoos hat sich Clickertraining als Arbeitserleichterung durchgesetzt. So wird Raubkatzen beispielsweise beigebracht, sich ans Gitter zu drücken, um sich impfen zu lassen. Den kleinen Pikser der Spritze merken sie dann kaum. Der „Click" und die anschließende Belohnung lenken viel zu sehr ab. Die Aufregung und Gefahr durch das Festhalten der Tiere entfallen und die Impfung wird zum Kunststück. Clickertraining funktioniert nach dem gleichen Prinzip wie mit dem Lobwort beschrieben, nur wird das Wort durch ein „Click" ersetzt. Da der Clicker ein kleines Gerät ist, hat er den Vorteil, dass er im Gegensatz zur Stimme von einem zum anderen weitergegeben werden kann. Auch ist das Geräusch völlig unabhängig von der Stimmung des Menschen. Egal ob der Mensch aufgeregt, eben noch verärgert oder vor Freude aus dem Häuschen ist, der Clicker klingt immer gleich. Dadurch erkennt ihn das Pferd viel schneller wieder und lernt somit auch schneller. Beim Clickern ist weiterhin der Effekt zu beobachten, dass es vielen Menschen leichter fällt, in Sekundenschnelle auf den Punkt genau einen Knopf zu drücken, als wenn sie ihre Stimme einsetzen müssen. Während sie noch staunend auf der Leitung stehen und kein Wort herausbringen, wäre der Click schnell ausgelöst. So gibt es viele positive Aspekte des Clickertrainings. Manchmal hat man allerdings einfach keine Hand mehr frei für den Clicker. Für den Fall sollten Pferde am besten parallel mit Lobwort und Clicker trainiert sein.

Auf einen Blick

- Positive Verstärkung ist der Weg zu einem motivierten Pferd.
- Futter ist ein sehr starkes Lob.
- Vor dem Loben mit Futter sollte immer ein gleich bleibendes Lobwort oder Geräusch stehen.
- Nach dem Lobwort oder dem Click gibt es wirklich immer die Belohnung.

Der Isländer Skolur hat bei seiner Besitzerin Nele gelernt auf Wunsch zu flehmen. Die Belohnung wird in diesem Moment mit dem „Click" angekündigt und nach der Übung gegeben.

Fragen zu Gangarten, Anhalten und Rückwärtstreten

Fragen zu Gangarten, Anhalten und Rückwärtstreten

Wann sollte man Schritt reiten und warum?

Wie soll ich mein Pferd warm reiten?
Das Pferd braucht Zeit zum Lernen. Kann der Schritt sie ihm geben?

Wann sollte man Schritt reiten und warum?

Claus Penquitt:
Ein korrekter Schritt liegt in meiner Hand. – Was ist damit gemeint? Im Schritt, diesem Viertakt, bei dem also kein Bein gleichzeitig mit einem anderen aufsetzt, aber ständig zwei bis drei Beine am Boden sind, lässt es sich gemütlich sitzen. Allerdings nur dann, wenn ein Pferd hierbei weder ständig stolpert noch zum Eilen, Trippeln, Zackeln oder Bummeln neigt.

Natürlich hat dies alles Ursachen. Wer zum Beispiel bei einem dreijährigen Pferd unbedingt und mit allen Mitteln die erwünschte Kopfhaltung erzwingen möchte, kann auf diese Weise eine der aufgezählten Störungen leicht bei seinem Pferd programmieren.

Wie soll ich mein Pferd warm reiten?

Claus Penquitt:
Nur Filmcowboys schwingen sich auf das stundenlang wartende Pferd, um in vollem Galopp davonzurasen. – Da Sie Ihr Pferd etwas länger behalten wollen, muss jedes Reiten stets im Schritt begonnen werden.

Das Pferd braucht diese Schrittphase, um „warm" zu werden. Bevor eine volle Belastung schadlos möglich wird, müssen Muskeln, Sehnen und Gelenke behutsam gelöst bzw. gedehnt werden. Aber auch die stets erneute Gewöhnung an Ihr, wenn auch noch so geringes, Gewicht spielt eine Rolle. Hinzu kommt für Sie beide die psychische Einstimmung zum Reiten. Sie sollten abschalten von dem, was vorher war. Die Hetze des Tages,

Zu Beginn reitet Nathalie mit ihrem Morgan-Horse zunächst bei hingegebenem Zügel eine Bahnrunde und anschließend leichte Lektionen. Natürlich vorerst alles locker im Schritt zum „Vorwärmen" und zur Vorbereitung auf ihr Reitprogramm.

die vielleicht erforderliche Fahrt zum Pferd im häufig zermürbenden Straßenverkehr und dergleichen mehr.

All das sollte, bevor Sie vom Pferd etwas verlangen können, ruhig Schritt für Schritt abgebaut sein. Aber auch das Pferd braucht für seine Psyche einige Minuten zum „Umschalten". Es soll sich in Ruhe auf die bald erforderliche Konzentration einstellen können.

Begonnen wird mit einer Platzrunde am hingegebenen Zügel. Dieser folgen Lockerungsübungen wie geschlängelte Linien und Volten. Alles noch nicht so genau verlangt und selbstverständlich am relativ langen Zügel und natürlich im Schritt geritten. Diese acht bis zehn Minuten nenne ich die Meditationszeit. Hier verdünnen sich die Alltagsdinge, und das Hineinfreuen auf unser Zusammenspiel, auf das, was man landläufig Reiten nennt, beginnt.

Das Pferd braucht Zeit zum Lernen. Kann der Schritt sie ihm geben?

Claus Penquitt:
Alles, was ein Pferd an Lektionen erlernen soll, muss erst im Schritt geübt werden. Einmal, weil es dem Pferd so leichter fällt, zum anderen, weil es sich die Übungen ja auch einprägen soll. Hierzu braucht das Pferd Zeit, und der Schritt gibt sie ihm. So kann die „Software" ins Gehirn fließen, und dies im wahrsten Sinne des Wortes: Schritt für Schritt.

Nathalie Penquitt:
Nicht nur das Pferd braucht Zeit zum Lernen, auch Reiter benötigen viel Zeit, bis sich die erforderlichen Bewegungsabläufe automatisch einstellen, ohne viel überlegen zu müssen. Erst wenn man dann nicht mehr viel nachdenken muss, welche Hand hochsoll, welcher Schenkel treibt und wohin das Gewicht verlagert werden soll, ist man schnell genug für die nächsten Gangarten.

Auf einen Blick

- Ob das Pferd zum Reiten aus der Box geführt oder von der Weide geholt wird, ob die Witterung trocken, feucht, warm oder kalt ist, das Pferd muss zum eigentlichen Reiten vorbereitet werden.
- Das sogenannte Warmreiten erfolgt grundsätzlich im Schritt. Muskeln und Sehnen müssen gedehnt werden, die Gelenkflüssigkeit die richtige Konsistenz erhalten.
- Das Pferd soll sich an das Reitergewicht im Schritt gewöhnen und sich auf das nachfolgende Reiten vorbereiten können.
- Der Reiter braucht einige Minuten zum Abstreifen des Alltags und zum Eingewöhnen in den Rhythmus des Pferdes, und das alles natürlich im Schritt.
- Der Schritt ist der Schlüssel zu allem, was das Pferd erlernen soll.
- Alles, was das Pferd anfänglich im Schritt erlernen muss, darf nicht durch den Zügeleinsatz erzwungen werden. Vom Pferd darf unter keinen Umständen eine bestimmte Körperhaltung, und hier insbesondere die Kopfhaltung, gefordert werden.

Ist der Jog eine andere Gangart als der Trab?

Welche Vorteile bietet der Jog?
Nimmt der Jog dem Pferd den Schwung?
Warum kann man im Jog die Seitengänge leichter lernen?

Ist der Jog eine andere Gangart als der Trab?

Claus Penquitt:
Der Jog, ein Import aus Amerika, ist in der von mir gelehrten Art nichts anderes als ein extrem langsamer Trab. Die Cowboys brauchten ihn für ihre spezielle Arbeit, denn Traben im normalen Tempo war hierbei zu schnell und der Schritt wiederum zu langsam. Der Jog, so wurde dieser langsame Trab genannt, ist also keineswegs, wie viele vermuten, eine besondere Gangart.

Welche Vorteile bietet der Jog?

Claus Penquitt:
Im Jog lässt es sich bequem sitzen. Dies ist vor allem bei Pferden angenehm, die bereits im sogenannten „Arbeitstempo" des Trabes Schwierigkeiten beim Aussitzen bereiten. Oder aber für Reiter, denen eigentlich ein Gymnastikkurs zur besseren Anpassung an die Schwingungen ihres Pferdes nötig täte.

Im Jog können Sie lange Strecken bewältigen, ohne Gesäß und Rücken übermäßig zu strapazieren. Auch das Pferd wird weitaus länger munter bleiben. Daher kann man im Jog auch lange Strecken ausgesessen reiten, einfach nur zum Spaß.

Der Jog macht vieles leichter. Durch den Jog kann das Reiten eine neue Dimension erhalten. So zum Beispiel beim Reiten von gymnastizierenden Lektionen. Bei Pferden, die es einem schwer machen, im Trab auszusitzen, ist der Jog die beste Alternative. So können Sie sich endlich auf das Reiten der jeweiligen Lektion voll konzentrieren, anstatt ständig darauf bedacht zu sein, nicht aus dem Sattel gehoben zu werden.

Wer den Jog erst einmal seinem Pferd beigebracht hat, wird ohne ihn nicht mehr auskommen wollen. Und wer konsequent vorgeht, hat hierbei keine besonderen Schwierigkeiten. Doch Schwierigkeiten mit dem Jog hatte Günter, eine Führungskraft aus der Wirtschaft, sehr wohl, und das schon seit Längerem. Zum Übergang vom Schritt in den Jog sollte er sehr zarte Hilfen geben, auch wenn das Pferd zu seinem Ärgernis dadurch, wenn überhaupt, nur sehr zögerlich in den Jog wechselte. So waren seine treibenden Hilfen, wie er meinte, immer dynamischer geworden. Das Pferd verstand dies so, indem es nun losjagte, was wiederum einen harten Zügeleinsatz zur Folge hatte. Hier fehlte wie meistens die Geduld.

Wie gesagt, hier sollten Sie Geduld haben. Sobald das Pferd im Jog geht, müssen Sie sofort auf der Hut sein, dass es das langsame Anfangstempo auch beibehält. Gegebenenfalls sind die Zügel für einen kurzen Augenblick zu verkürzen. Auch sollten Sie anfangs sehr passiv sitzen. Zu stark schwingende Bewegungen Ihres Beckens haben eine treibende Wirkung. Diese wiederum brauchen Sie in dem Moment, wenn das Pferd wieder in den Schritt fallen will. Sie müssen lernen, es vorauszuahnen. Aber Sie werden auch dies lernen.

Dem Pferd den Jog beizubringen, besteht also anfangs aus einem ständigen Wechselspiel von mehr oder weniger zartem Zurückhalten des Pferdes und einer blitzschnellen, aber vorsichtigen, wohldosiert treibenden Hilfe, um vorausahnend zu verhindern, dass das Pferd in den Schritt fällt. Hat es erst einmal begriffen, in welchem neuen Tempo Sie traben wollen, wird es nicht mehr lange dauern und Sie können den Jog voll genießen.

Nimmt der Jog dem Pferd den Schwung?

Claus Penquitt:

So wie er im Westernturniersport praktiziert wird, kann sich der Jog auf Dauer sehr wohl als Schwungkiller auswirken. Ihre Sorge ist somit berechtigt. Und wer nicht aufpasst, muss damit rechnen, dass sein Pferd in absehbarer Zeit zu „schlurfen“ anfängt.

Wer in der Western-Pleasure, so nennt sich die Gangartenprüfung im Western-Turnierreiten, die Pferde im Jog gehen sieht, dem können allerdings Gedanken in der erwähnten Richtung kommen. Und Sprüche wie: „Die gehen ja, als sollten sie zur Beerdigung“, gemeint sind die Pferde, oder aber: „Wie schlurfen die denn?“, sind von Zuschauern zu deutlich zu hören, um überhört zu werden. Das liegt aber nur bedingt an den Teilnehmern dieser Disziplin.

1 Der Jog, ein sehr langsamer Trab, macht das Aussitzen zum Vergnügen und erleichtert das Reiten nahezu aller gymnastizierenden Lektionen.

2 Damit das Reiten im Jog nicht zum Schlurfen des Pferdes führt, legt Birgit öfter mal einen Schnellgang ein, das heißt einen verstärkten Trab.

1

2

Es ist das Reglement, welches als Idealvorstellung ansieht, dass beim Pleasurehorse Genick, Widerrist und Kruppe eine gerade Linie bilden sollen. Und so laufen sie dann auch. Schwungvoll elastisch federnd und unter ihr Gewicht tretend wirken sie in dieser Haltung allerdings nicht. Und wer sich hierüber Gedanken macht, dem muss zugestimmt werden.

Deshalb brauchen Sie aber nicht auf den so praktischen Jog zu verzichten. Ist er doch nicht mehr als ein Trab, der aber im Jogtempo einen hervorragenden Sitz ermöglicht. Und gegen das „Schlurfen" gibt es, wie Sie gleich sehen werden, genügend praktische Mittel. Wie an anderer Stelle bereits gesagt (siehe Seite 55), macht der Jog aber auch vielen erst möglich, die zur Gymnastizierung erforderlichen Lektionen, die Ihr Pferd im Schritt erlernt hat, nun auch vergnüglich im Zweitakt beibringen zu können. Jetzt erhalten die Volten und Seitengänge wie Schulterherein, Travers, Traversalen und dergleichen die volle gymnastizierende Wirkung.

Nathalie Penquitt:
Der Jog darf in der Ausbildung nicht zu früh an die Reihe kommen. Erst wenn der Trab locker und schwungvoll aussieht, das Pferd leicht dem Zügel nachgibt, darf das Tempo variiert werden. Ein Pferd sollte sich im Trab in jedem Tempo angenehm reiten lassen. Geht es langsam, darf der Schwung nicht fehlen, geht es schneller, darf es nicht hektisch rennen.

Muss man das Pferd ständig nur über die Zügelhilfe zurückhalten, obwohl es nicht entspannt trabt, werden sehr kurze Schritte entstehen und man verdirbt sich den Trab seines Pferdes. Das Pferd sollte sich auch aus dem Sitz heraus versammeln lassen, um einen schwingenden Jog zu erhalten. Hierbei helfen, wie auch im Folgenden beschrieben, die Seitengänge.

Warum kann man im Jog die Seitengänge leichter lernen?

Claus Penquitt:
Der Jog macht Seitengänge zum besonderen Vergnügen. Der Jog macht möglich, was im Trabtempo Reiter und Pferd erheblich mehr Schwierigkeiten bereiten könnte. Nun werden Sie gleich zwei Dinge erreichen: Zum einen wesentlich leichter als im Trabtempo Ihrem Pferd die im Schritt erlernten Seitengänge beizubringen, zum anderen können Sie durch das Reiten von Seitengängen im Jog in hervorragendem Maße der Gefahr des sich möglicherweise einschleichenden „Schlurfens" Ihres Pferdes entgegenwirken.

Zusätzlich wirkt eine ab und zu mal sehr flott gerittene kurze Trabreprise diagonal, also durch die ganze Bahn wechselnd, für Pferd und Reiter äußerst erfrischend. Natürlich ausgesessen! So geritten können Sie beweisen, ob Sie den von mir an anderer Stelle (siehe Seite 62) beschriebenen Sitz schon beherrschen und in gut gymnastizierter Form sind. Und das Pferd kann zeigen, dass es seine Beine sehr wohl vom Boden abheben kann.

Bei einem derart interessant aufgelockerten und pferdegerechten Programm können Sie wie auch Günter, der sich erstaunlich bemüht hatte, den Jog mit seinem Pferd zu erlernen, fröhlich mit Schwung und Pep sowohl auf dem Reitplatz in schönsten Lektionen als auch im Gelände Ihre Erholung finden.

Auf einen Blick

- Der Jog ist keine neue Gangart, sondern wird von mir lediglich als ein extrem langsamer Trab verstanden.
- Der Jog macht vieles leichter. Wer schneller als im Schritt altklassische Lektionen zur Gymnastizierung des Pferdes reiten möchte, der sollte zunächst den Jog erlernen, um in diesem Tempo die Lektionen auszuführen. Auch das Reiten im Gelände wird durch den Jog zu einem äußerst bequemen Vergnügen.
- Die Lektionen zur Gymnastizierung, im Jog geritten, dienen auch als Antischlurfkampagne.

Im Galopp habe ich erhebliche Schwierigkeiten, mit dem Sattel festen Kontakt zu behalten. Was mache ich falsch?

Durch Videoaufnahmen stellte ich fest, dass ich mich im Galopp mit meinem Oberkörper wie ein Pumpenschwengel hin und her bewege. Was kann ich hiergegen tun?

Im Galopp habe ich erhebliche Schwierigkeiten, mit dem Sattel festen Kontakt zu behalten. Was mache ich falsch?

Claus Penquitt:

Im Galopp treten andere Schwingungen auf als im Trab. Während im Trab die Kruppe mal rechts und mal links, also seitlich abwechselnd hoch- und runterkommt, geht es im Galopp hingegen, in der Längsachse des Pferdes gesehen, bei jedem Sprung hoch und runter bzw. bergauf und bergab und dabei noch vorwärts.

Wer synchron mit diesen Wellenbewegungen jeweils sein Becken nach hinten abkippt und wieder aufrichtet, wer seine Knie und Schenkel nicht an den Pferdekörper anpresst, sondern nur locker anlegt, wer seinen Oberkörper stets senkrecht hält und seinen Kopf nicht nach unten abknickt, der wird auch bei schwierigen Pferden bald weniger Schwierigkeiten mit dieser wunderbaren Gangart haben.

Auch im sehr flotten Galopp eines iberischen Hengstes fest ausgesessen und ruhig senkrecht sitzend mitzuschwingen, ist kaum ein Problem, wenn bestimmte Regeln befolgt werden.

Durch Videoaufnahmen stellte ich fest, dass ich mich im Galopp mit meinem Oberkörper wie ein Pumpenschwengel hin und her bewege. Was kann ich hiergegen tun?

Claus Penquitt:
Beim Aussitzen des Galopps ist noch ein Problem besonderer Art zu erörtern und zu beseitigen. Immer wenn im Unterricht der Galopp angesagt war, bekam Irma rote Flecken im Gesicht. Ihr machte das Aussitzen erhebliche Schwierigkeiten. Eigentlich könnte man glauben, die bereits erwähnte Schaukelbewegung des galoppierenden Pferdes sei eine angenehme und daher positiv zu bewertende Bewegung. Das ist sie eigentlich auch, aber nur, wenn man sie nutzen kann, und das ist schon schwieriger. Sie wird nämlich Ihren Oberkörper wie einen Pumpenschwengel nach vorn und nach hinten pendeln lassen. Natürlich nur dann, wenn Sie es zulassen und meistens sogar noch unterstützen. Das ist leicht möglich, weil Sie es selbst kaum oder gar nicht merken.

Achten Sie mal darauf, wie häufig andere im Galopp ausgesessen reitend zum Pumpenschwengel werden. Es ist nicht leicht, sich eine Unart abzugewöhnen. Aber was ist zu tun? Zunächst lassen Sie sich nicht im Rhythmus der Schaukelbewegungen, wie schon mehrfach angesprochen (siehe Seite 60), vom Pferd hochtragen. Als vorübergehende Hilfe für Sie gehen Sie vielmehr selbstständig, indem Sie sich senkrecht leicht in den Bügeln abstützen, in die Höhe. So kann Sie das Pferd nicht mit seinem starken Schwung höherbefördern als nötig, und Sie

Auf einen Blick

- Bei besonders schwungvollen Pferden kann das Aussitzen im Galopp Probleme bereiten.
- Nur wer sich vom Aufwärtsschwung des Pferdes nicht in die Höhe befördern lässt, kann auch im Sattel bleibend wieder in die Talfahrt gehen.
- Wer nicht zum Pumpenschwengel werden will und zu jeder Zeit im Sattel bleiben möchte, für den gibt es vorübergehende Hilfsmaßnahmen, die das Im-Sattel-sitzen-Bleiben ermöglichen. Ein leichtes Abstützen in den Bügeln macht es möglich.

kommen rechtzeitig und im Sattel bleibend wieder senkrecht nach unten.

Der Oberkörper wird nach einiger Zeit nicht mehr wie ein Pumpenschwengel vor und zurück pendeln. Eine neue Dimension des Reitens naht für Sie. Aufrecht im Sattel sitzend, werden Sie nun locker und leicht und fröhlich, das Tempo des Galopps selbst bestimmend, ein ästhetisch schönes Bild bieten.

Nur wer die Zusammenhänge kennt, kann hieraus seine Schlüsse ziehen und entsprechend danach handeln. Was Sie tun müssen, ist relativ einfach. Dies kann aber nur gelten, wenn Sie mit Ruhe, Geduld und Ausdauer das Gesagte mit Ihrem Pferd umsetzen.

Nathalie Penquitt:
Ein schön ausgesessener Galopp kann ein Hochgenuss für alle Beteiligten sein, einschließlich des Betrachters. Wie schon gesagt ist es sehr wichtig, die Bewegung nicht vor und zurück mitzumachen, sondern mit einem Aufwärtsschwung bei senkrechtem Oberkörper. Es lässt sich vergleichen mit dem Radantrieb einer antiken Dampflokomotive, der sich auf und ab bewegt.

Weiterhin darf man nicht glauben, man müsste das Pferd bei jedem Sprung vorwärtsschieben. Dieser verbreitete Irrglaube führt zu einem unruhigen Sitz. Ein kurzer, aufmunternder Schenkeldruck hält das Pferd viel effektiver in Schwung und stört den Sitz des Reiters nicht.

Canadian Amber zeigt sehr schön, wie gut das innere Hinterbein in der Biegung unter den Schwerpunkt tritt. So ein ausbalancierter Galopp lässt sich wunderbar aussitzen.

Erst wenn das Pferd die Seitengänge im Schritt und Trab beherrscht, sollte mit dem Galopp begonnen werden. Wer hier länger wartet, wird dann schneller Erfolg haben.

Ab wann reite ich mein Pferd im Galopp?

Warum soll ich länger mit dem Galopp warten?

Ab wann reite ich mein Pferd im Galopp?

Claus Penquitt:
Sicherlich ist hier gemeint, zu welchem Zeitpunkt Sie im Rahmen der Ausbildung des Pferdes mit dem Galopp beginnen können oder sollen. Obgleich es selbstverständlich sein sollte, dass das Pferd im genügenden Umfang auf den Galopp vorbereitet werden muss, machen sich viele hierüber kaum Gedanken. Auch bei den Freizeitreitern bestehen hierzu erhebliche Defizite an entsprechendem Wissen.

Warum soll ich länger mit dem Galopp warten?

Claus Penquitt:
Bei François Robichon de la Guérinière, ein genialer Reitmeister früherer Jahrhunderte und heute noch ein Vorbild, durfte kein Pferd im Galopp geritten werden, bevor es nicht die Seitengänge der altklassischen Reitkunst korrekt und fließend im Trab beherrschte. Er ging sogar so weit, dass er im Ausbildungsablauf das Erlernen der Piaffe und Passage vor dem Galopp forderte.

Von solch einem hohen Standard können wir heute nur träumen. Zumindest aber machen Guérinières Forderungen deutlich, welch hohen Stellenwert seinerzeit der Galopp hatte. Unsere Zeit hingegen wird in dieser Hinsicht kein besonderes Ruhmesblatt in der Geschichte des Reitens werden können.

Ist es doch schon in verschiedenen Kreisen gang und gäbe, dass bereits knapp zweijährige Pferde ausgebildet werden und

Unbedacht durch die Gegend zu jagen, vielleicht als Wette um einen Kasten Bier, macht junge Pferde bald unkontrollierbar.

teilweise sogar schon in speziellen Lektionen galoppieren müssen. Die Lebenserwartung dieser bedauernswerten Pferde beträgt allerdings kaum noch mehr als ein Viertel der zu Zeiten Guérinières üblichen.

Ich muss dabei an Werner denken. In der Vorbesprechung machte er deutlich, wie sehr er vom Reiten und allem, was mit Pferden zu tun hatte, begeistert war. Wie Werner berichtete, hatte er sich das Reiten von tollen Freunden beibringen lassen und war beim Galopprennen im Gelände recht oft der Erste. Dafür gab es dann einen Kasten Bier, der sofort geleert wurde. Nun ja, das brachte immer viel Spaß.

Mein Shagya-Araber Watani 12 beherrschte bereits sämtliche Seitengänge, ehe mit dem Galopp begonnen wurde. Als Sechsjähriger durfte er mit mir das erste Mal im gestreckten Galopp abziehen. Dafür aber war er mit sechsundzwanzig Jahren immer noch von Kopf bis Huf kerngesund und genauso verspielt wie seinerzeit als „Halbstarker". Das Warten hatte sich gelohnt!

Zurück zu Werner. Die Teilnehmer des Einführungskurses gingen mit mir zum Dressurplatz. Sie sollten zunächst am hingegebenen Zügel ihre Pferde warm reiten. Als ich nach einigen Minuten nachkam, ich war noch aufgehalten worden, bot sich mir ein chaotisches Bild. Während die übrigen Teilnehmer dicht gedrängt auf kleiner Fläche im Schritt ritten, raste Werner im Galopp kreuz und quer über den Platz. Werner, zur Rede gestellt, meinte nur, sein Pferd müsse sich erst einmal abreagieren, das würde er immer so machen.

Später stellte sich heraus, dass Werner seine vierjährige Stute nahezu ständig im Galopp rennen ließ. Am Ende des Kurses, in dem der Galopp noch nicht vorgesehen war, ging sein Pferd aber schon zeitweise recht brav sowohl im Schritt als auch im relativ ruhigen Trab, ohne dabei wie anfangs ständig in den Galopp fallen zu wollen.

Die übliche Kraftfutterration seines Pferdes hatten wir allerdings auf nahezu null heruntergefahren. Obwohl Werner nun mit dem Erreichten voll zufrieden hätten sein können, wirkte er bedrückt und wurde ständig stiller.

Die Abschlussbesprechung fand draußen im gemütlichen Pavillon bei Kaffee und Kuchen statt. Nach anfänglichem Herumdrucksen fing Werner nun an zu reden. Er hätte vor seinem jetzigen Pferd auch schon ein Quarterhorse gehabt, das dann fünfjährig mit einer schweren Hufrollenerkrankung zum Schlachter musste. Jetzt sei ihm klar geworden, dass er durch sein unvernünftiges Verhalten sein junges und bildschönes Pferd auf dem Gewissen habe und er bereits auf dem Wege war, auch sein jetziges Pferd zu ruinieren. Jetzt wisse er auch, weshalb länger mit dem Galopp warten die beste Versicherung für ein langes Pferdeleben sei.

Auf einen Blick

- Erst wenn das Pferd die gymnastizierenden Lektionen, so auch die Seitengänge, nicht nur im Schritt, sondern auch im Trab beherrscht, sollte mit der Galopparbeit begonnen werden.
- Viele Pferde reagieren, zu früh zum Galopp animiert, mit zu schnellem Galoppieren und sind hierbei kaum zu kontrollieren.
- Wer lange genug mit dem Galopp wartet, bekommt ihn geschenkt.

Wie bringe ich mein Pferd dazu, ohne Zügeleinsatz konsequent anzuhalten?

Sind treibende Hilfen zum Anhalten kein Widerspruch? Wie kann ich mein Pferd mit unmerklichen Hilfen zum Rückwärtsgehen veranlassen?

Claus Penquitt:
„Ich habe dich im vorigen Jahr auf der Equitana gesehen. Dort hast du ohne irgendeine Zäumung oder andere Hilfsmittel dein Pferd aus dem Galopp auf dem Punkt genau angehalten. Danach ging dein Pferd ohne erkennbare Hilfen ca. fünfzehn Schritt rückwärts. Mir ist bis heute ein Rätsel, wie so etwas möglich ist.“ „Inge“, antwortete ich, „das Rätsel werden wir am Nachmittag hoffentlich noch lösen können.“

Eigentlich ist das meiste, was ich von meinem Pferd möchte, von ihm gut und relativ leicht erlernbar, wenn ich es ihm nur durch konsequente und deutlich verständliche Hilfen erklären kann. Hierzu muss ich mich wie bei jedem Umgang mit dem Pferd in seine Gedankenwelt hineinversetzen können, so nach dem Motto: „Mit Pferden denken, um Pferde zu lenken.“

Folgendes Beispiel ist dazu angezeigt:

Das konsequente Anhalten ohne Zügeleinsatz muss anfangs mit üblicher Zügeleinwirkung begonnen werden. Hierzu nehme ich die Zügel so viel an, bis das Pferd konsequent auf dem Punkt genau stehen bleibt. Es darf auf keinen Fall weitergehen. Das hört sich nicht begeisterungsfähig an. Ist es auch nicht, aber das Wichtigste kommt danach. Nachdem das Pferd zum Halten gebracht wurde, müssen die konsequent angenommenen Zügel anfangs durch blitzartig vorschnellende Hände zum leichten Durchhängen und damit zur schlagartigen Entlastung des Maules führen. Begleitet wird diese Aktion jedes

Wie bringe ich mein Pferd dazu, ohne Zügeleinsatz konsequent anzuhalten?

1 Nele muss anfangs so viel Zügelzug ausüben, wie für das konsequente Anhalten des Pferdes erforderlich ist.
2 Hält das Pferd an, müssen blitzartig die Zügel nach vorn schnellen. Der nun leicht durchhängende Zügel befreit das Pferdemaul augenblicklich von dem unangenehmen Druck. Dies wird sich das Pferd merken und bald auf unmerkliche Hilfen mit sofortigem Anhalten reagieren.

1

2

Mal durch einen leisen Zischlaut (Psst!), der das Pferd später veranlassen wird, ohne Zügeleinsatz anzuhalten.

Es wird noch etliche Zeit dauern, ehe das Pferd den Zusammenhang begreift, dass wenn es anhält, der unangenehme Druck im Maul sofort weg ist. Auch wird es anfangs noch ein paarmal weiterlaufen wollen. Dann werden die Zügel schnell für einen Moment wieder aufgenommen und bei entsprechender Reaktion vom Pferd danach sofort wieder deutlich nachgegeben. Sind Sie bei allem Verlangten stets geduldig und konsequent, dann wird es Ihnen irgendwann passieren, dass Ihr Pferd, bevor Sie eine Zügelhilfe geben könnten, bereits zum Anhalten ansetzt.

Sind treibende Hilfen zum Anhalten ein Widerspruch?

Claus Penquitt:
Hilfen aus dem Sitz heraus sollten Ihr Pferd beim Anhalten veranlassen, die Hinterbeine gut unter seinen Körper zu setzen. Versammelt und nicht „auseinandergefallen“, wie man so schön sagt, ist es zum Stehen zu bringen. Hierzu müssen Sie zur Einleitung des konsequenten Anhaltens Ihr Becken nach hinten abkippen. Das ist zwar eine treibende Hilfe, in diesem Fall aber für das Untersetzen der Hinterbeine gedacht.

Die Hilfen der Unterschenkel können eingesetzt werden, wenn sich das Pferd an Ihre ständig feiner werdenden Hilfen völlig gewöhnt hat und alles bereits längere Zeit so abläuft wie hier beschrieben. Das feine, beidseitige Andrücken der Unterschenkel wird Ihre Aktion noch erheblich unterstützen.

Wie kann ich mein Pferd mit unmerklichen Hilfen zum Rückwärtsgehen veranlassen?

Claus Penquitt:
Das Rückwärtstreten ohne merkliche Hilfen ist aus dem vorstehend beschriebenen Anhalten leicht möglich. Das Pferd hat die Hilfen zum Anhalten, also zum nicht Weitergehen befolgt. Dennoch werden die Hilfen, die ja eigentlich auch treibend wirken, nicht aufgehoben. Das Pferd weiß, dass vorwärtsgehen tabu ist. Also versucht es rückwärtszugehen. Nach ein paar Schritten wird es mit einem Leckerli belohnt und Feierabend ist angesagt. Mein Pferd hatte mich verstanden und ging schon am nächsten Tag fünf Schritte auf diese Art rückwärts.

Was ich von einem alten Reitmeister las, ließ mir keine Ruhe. Er konnte mit seinem Pferd rückwärtstraben. Auf einer Show führte auch ich dies dann in einer halben Platzrunde vor. So konnte ich zeigen, wie viel bei guter und vielseitiger Gymnastizierung eines Pferdes möglich wird.

Nathalie Penquitt:
Die Stimme ist für mich eine sehr wichtige Hilfe, auf die ich sehr ungern verzichten würde. Ich sehe keinen Grund, warum man sich nicht auch per Stimmhilfen mit seinem Pferd verständigen sollte. Bereits vom Boden aus bringe ich den Pferden

Werden die Hilfen zum Anhalten fortgesetzt, so wird das Pferd, da es nicht vorwärtsgehen darf, nach rückwärts ausweichen.

die Kommandos zum Anhalten und Rückwärtsgehen bei. Besonders bei jungen Pferden ist mir das sehr wichtig. So kann ich, auch wenn das Pferd die reiterlichen Hilfen nicht ausreichend versteht, harmonisch anhalten. Bei einem weiter ausgebildeten Pferd ist die Stimme vielleicht nicht mehr ganz so wichtig, trotzdem aber eine schöne Ergänzung auf dem Weg zum feinen Reiten. Genauso wichtig wie die Kommandos ist auch das Lob für das Pferd. Hat es präzise gestoppt, hilft ein Leckerli, damit der nächste Stopp mindestens genauso gut gelingt oder sogar noch besser. Mit dem Rückwärtsgehen verhält es sich nicht anders. Hier sind Stimme und Lob zusätzlich zu den anderen Hilfen ebenso hilfreich.

Auf einen Blick

- Zunächst wird das Pferd durch konsequenten Einsatz der Zügel zum unbedingten Stehen gebracht.
- Unmittelbar nach dem Stillstand des Pferdes schnellen die Zügel vor und entlasten das Pferd von dem unangenehmen Druck im Maul.
- Hat das Pferd den Zusammenhang der Hilfen begriffen, sind Zügelhilfen kaum noch erforderlich.
- Das hinzukommende nach hinten Abkippen des Beckens und später auch die Einwirkung beider Unterschenkel werden bewirken, dass das Pferd auch ohne Zügel zum Anhalten gebracht werden kann.
- Werden die Hilfen fortgesetzt, so wird das Pferd, da es nicht vorwärtsgehen darf, nach rückwärts ausweichen.
- Das Pferd sollte Stimmhilfen für Anhalten und Rückwärts kennen.

Warum soll ich meinem Pferd das Rückwärtstreten beibringen?

Zum Rückwärtstreten vorwärtstreiben, das geht doch nicht?

Warum soll ich meinem Pferd das Rückwärtstreten beibringen?

Claus Penquitt:
Auch das Rückwärtstreten dient als ein nützliches Element auf dem Weg zum feinen und sensiblen Reiten. Die Art und Weise, wie sich ein Pferd hierbei verhält, ist als Gradmesser für einen bestimmten Ausbildungsstand anzusehen.

So etwa könnte man das Rückwärtstreten in seinem Nutzen kurz und bündig umschreiben. Die an das Pferd für das Rückwärtstreten zu stellenden Ansprüche sind aber erstaunlich umfangreich.

So soll das Pferd rückwärtstreten:

- mühelos schwingend und nicht schlurfend seine Beine bewegen,
- die Gelenke seiner Hinterbeine gut anwinkeln und dadurch die Kruppe absinken lassen,
- im Genick elastisch nachgeben und weich dem leicht vibrierenden Zügel gehorchen,
- auf keinen Fall mit hohem Kopf vor den Hilfen flüchten,
- sich in gerader Linie ruhig Schritt für Schritt und ohne besonderen Zügeleinsatz bewegen.

Wer diesen Anforderungen mit seinem Pferd entsprechen kann, weiß, was hier gefordert wird. Wollen Sie anfangen, das Rückwärtstreten zu üben, dann sollten Sie vorerst sehr bescheiden sein. So genügen anfangs ein bis zwei Schritte. Erst wenn Sie merken, dass das Pferd willig in gewünschter Form mitmacht, kommen weitere Schritte hinzu.

Da sich das Pferd in einem ungewohnten Stangengang nicht besonders wohlfühlt, will es aus diesem schnell wieder raus. Dies darf es auch, aber nur rückwärts, und das Schritt für Schritt.

Zum Rückwärtstreten vorwärts treiben, das geht doch nicht?

Claus Penquitt:
Zum Rückwärtstreten geben Sie dem Pferd die gleichen Hilfen wie zum konsequenten Anhalten. Nur müssen Sie die Zügel auch nach dem Anhalten weiterhin leicht verkürzt lassen, sodass das Pferd nicht erst eine Ruhestellung einnehmen kann. Nein, im Gegenteil, es soll sich weiterhin bewegen, nur nicht vorwärts, sondern rückwärts. Daher soll auch das für das Anhalten nach hinten abgekippte Becken noch für einen Augenblick so bleiben. Zusammen mit den gleichfalls angelegt bleibenden Unterschenkeln fühlt sich nun das Pferd gegen die anstehenden Zügel getrieben.

Da es durch seine Ausbildung einen solchen Vorgang nicht gewohnt ist, wird es nun nach hinten ausweichen, also rückwärts gehen. Das Pferd wird somit nicht, wie allzu häufig beobachtet werden kann, durch ein Zerren an den Zügeln rückwärtsgetrieben. Funktionieren wird das problemlose Rückwärtstreten aber erst, wenn das Pferd auf die bereits beschriebenen Hilfen zum konsequenten Anhalten in leichtester Form reagiert (siehe Seite 101). Und vergessen Sie nicht, wie nach jeder anderen Lektion, Ihr Pferd zu loben und in diesem Fall auch mit einem Leckerli zu belohnen.

Nathalie Penquitt:
Da das Rückwärtsgehen eine diagonale Fußfolge hat, ist es ein geeignetes Training für andere Lektionen, bei denen das Pferd diagonal treten sollte. So lässt sich aus dem Rückwärtstreten sehr gut antraben. Oft traben Pferde so besser in der richtigen Schrittfolge an als aus dem Halten. Das lässt sich übrigens auch sehr schön an der Longe üben.

An der Hand geübt, ist der sogenannte Wiegeschritt, bei dem das Pferd nur ein diagonales Beinpaar mehrmals vor- und zurückbewegt, eine sinnvolle Vorbereitung für die Piaffe. Man sollte darauf achten, beide diagonalen Beinpaare gleichmäßig zu bewegen. Wer nicht so hoch hinauswill, kann dadurch zumindest seine Feinabstimmung beim Rückwärtsgehen verbessern.

Auf einen Blick

- Das korrekte Rückwärtstreten des Pferdes ist ein Gradmesser seines Ausbildungsstandes.
- Zum Rückwärtstreten muss vorwärts getrieben werden. Ein leichtes Gegenhalten mit den Zügeln muss genügen, um das Pferd zum Rückwärtsgehen zu veranlassen.
- Rückwärtsgehen kann die diagonale Fußfolge verbessern.

▸ Was kann ich tun, wenn mein Pferd sich weigert rückwärtszugehen?

Kann Bodenarbeit das Rückwärtstreten vorbereiten?

Was kann ich tun, wenn mein Pferd sich weigert rückwärtszugehen?

Claus Penquitt:
Alma nahm an einem Einführungskurs teil. Sie kam mit ihrem Pferd schon recht gut zurecht und wollte ihm nun das geforderte Rückwärtstreten vom Sattel aus beibringen. Ihr Pferd wollte es allerdings nicht, und Alma merkte schnell, dass weiteres Am-Zügel-Ziehen, um die in den Boden gestemmten Beine zum Abheben für das Rückwärtsgehen zu bewegen, nichts nutzte. Derartige Bemühungen sind überwiegend hoffnungslos, da das Pferd in den meisten Fällen nicht weiß, was es eigentlich machen soll.

Kann Bodenarbeit das Rückwärtstreten vorbereiten?

Claus Penquitt:
Absteigen und Versäumtes nachholen ist hier der einzig gangbare Weg. Gemeint ist das Schulen des Pferdes vom Boden aus. Wie wertvoll das sein kann und welche Resultate hierdurch erzielt werden können, wurde bereits an anderer Stelle (siehe Seite 28) angesprochen. Wollen Sie sich aber ausführlich informieren, so sollten Sie in das Buch „Nathalie Penquitt: Meine Pferdeschule“ schauen.

Für Almas angestrebtes Vorhaben, Ihrem Pferd möglichst noch während des Kurses das Rückwärtstreten beizubringen, legten wir in einem Abstand von etwa einem Meter von der Bahnbegrenzung zwei drei Meter lange Stangen hintereinander auf den Boden. Jetzt hatte das Pferd, zumindest zu einer Seite hin, keine Möglichkeit auszuweichen.

Nun führte sie das Pferd langsam und absolut ruhig etwa einen Meter weit in diesen „Gang“ hinein. Dann sollte Alma einen rückwärtigen Zug auf das mit Halfter geführte Pferd ausüben. Sie sollte ihm hierbei etwas sagen, was Sie auch später als Aufforderung zum Rückwärtsgehen sagen wollte. Das Pferd, das sich in dem von Stangen begrenzten Gang eingeengt fühlt, wird gern bereit sein, da wieder herauszukommen. Das darf es auch, natürlich nur rückwärts.

Nach großem Loben und Belohnen mit einem Leckerli wurde so wiederholt verfahren. Dann traute sich Alma etwas weiter in den Stangengang hinein. Bald führte das Pferd das Rückwärtsgehen fast von selbst und nur noch von Almas Stimme unterstützt aus. Nun sollte sich eine Hilfsperson auf das Pferd setzen und mit ihm unter gleicher Anleitung von Alma aus dem Stangengang rückwärts herausmarschieren. Einem Pferd auf diese Art etwas beizubringen, mag aufwendig erscheinen. Für das Pferd ist es aber mit Sicherheit der bessere Weg.

Nathalie Penquitt:
Bevor ein Pferd unter dem Sattel rückwärtsgehen muss, sollte es vom Boden aus dabei keine Schwierigkeiten mehr geben. Kommt das Reitergewicht hinzu, fällt es den Pferden zunächst schwerer, locker zurückzugehen.

Ich habe oft festgestellt, dass Pferde der Bande gern ausweichen. Das führt dazu, dass sie auf dem Hufschlag meist schräg nach innen rückwärtsgehen. Um das zu vermeiden, übe ich anfangs in der Mitte der Bahn zwischen zwei Stangen das Rückwärtsgehen. Um die Hilfen, die am Boden gegeben werden, später auch auf das Reiten übertragen zu können, sollte man nicht mit der Gerte vor die Pferdebrust tippen, sondern

1 Der Appaloosa Chief übt an der Hand das lockere Rückwärtsgehen.
2 Je nach Bedarf kann die Gerte seitlich links oder rechts gehalten werden und als treibende Hilfe eingesetzt werden. Sie ersetzt jetzt den Schenkel.
3 Deutlich ist das gewünschte diagonale Abfußen zu erkennen.

es seitlich mit der Gerte treiben. Dort werden dann später die Schenkel eingesetzt. Weiß man, zu welcher Seite das Pferd eher ausweichen möchte, hält man die Gerte auf dieser Seite. Dabei steht man am besten schräg vor dem Pferd und versperrt ihm den Weg.

Am Halfter sollte man so wenig wie möglich machen. Zu starkes Schieben verdirbt das lockere Abfußen. Auf keinen Fall darf das Pferd den Menschen zur Seite drängen. Dann ist ein energischer Ruck am Halfter nötig, eventuell mit einer Führkette. Hat das Pferd verstanden, dass es nicht nur nach vorn, sondern auch nach hinten getrieben werden kann, sind das gute Voraussetzungen für das gerittene Rückwärtsgehen. Wie bereits gesagt, begleiten eine Stimmhilfe und Lob die Übung.

Auf einen Blick

- Pferde machen es sich häufig schwer, auf Aufforderung rückwärtszugehen. Auf übliche Hilfen für das Rückwärts wird nicht reagiert.
- In solchen Fällen hilft nur Absteigen und das Rückwärtsgehen mit entsprechenden Hilfsmitteln dem Pferd deutlich zu machen.

▸ Was mache ich falsch? Ich kann mein Pferd beim Rückwärtstreten nicht kontrolliert anhalten.

Der schnelle Weg zum „Stangensalat" – was mache ich falsch?
Warum bringt das Vornüberbeugen beim Rückwärtstreten Schwierigkeiten?

Was mache ich falsch? Ich kann mein Pferd beim Rückwärtstreten nicht kontrolliert anhalten.

Claus Penquitt:
Vielleicht machen auch Sie den häufig zu beobachtenden Fehler wie Vera. Sie beugte sich bei jedem Scheuen oder anderem ungehorsamen Verhalten ihres Pferdes weit nach vornüber, so aber auch zum beabsichtigten Rückwärtstreten des Pferdes (siehe auch Seite 85). Hierfür gibt es keinen vernünftigen Grund, aber viele Gründe dagegen. Dass beim Rückwärtstreten des Pferdes sein Rücken entlastet werden müsste, ist meines Erachtens kein überzeugendes Argument hierzu.

Da das Pferd aber den ersten Rückwärtsschritt mit einem Hinterbein beginnt, sollten Sie für diesen Augenblick nicht schwer einsitzen, sondern erforderlichenfalls etwas entlastend in die Bügel treten. Danach hat Ihre Körperhaltung wieder der zum Vorwärtsreiten zu entsprechen. Da gab es einen alten Reitmeister, der gerne mal eine Reitbahnrunde lang sein Pferd im „Rückwärtsgang" traben ließ. Wie hätte der es wohl mit vornübergebeugtem Körper schaffen können? Auch rückwärts geht's doch nur im korrekt ausgesessenen Sitz. Wie sonst sollte man wohl dem Pferd die richtigen Hilfen geben können?

Natürlich können Sie auch mit völlig unlogischen Manipulationen Ihr Pferd zu bestimmten Handlungen veranlassen. Allerdings müssen Sie dann auch damit rechnen, irgendwann mit solch einem Reiten in Schwierigkeiten zu kommen.

Der schnelle Weg zum „Stangensalat" – was mache ich falsch?

Claus Penquitt:
Vera beugte sich also mit ihrem Oberkörper bei gleichzeitigem kräftigem Zug am Zügel nach vorn, und ihr Pferd lernte hierdurch, rückwärtszugehen. Nur oftmals leider zu schnell und weiter, als sie es wünschte. Bei einer Geschicklichkeitsübung wurde ihr das zum Verhängnis. In einem aus Bodenstangen bestehenden Geschicklichkeitselement hastete das Pferd unaufhaltsam rückwärts, obwohl es im rechten Winkel um die Ecke gehen sollte. So gibt es dann den sehr unerwünschten, aber oft von mir gesehenen „Stangensalat".

Nein, so bitte nicht! Es geht auch anders. Bei senkrecht gehaltenem Oberkörper und etwas angelegten Unterschenkeln wird an den leicht durchhängenden Zügeln etwas „geklingelt". Das Pferd achtet auf jeden einzelnen rückwärts zu gehenden Schritt. Ein Signal durch ein plötzlich verstärkt abgekipptes

Becken unter Weglassen von auch nur leichtestem Schenkeldruck, lässt auch sein gerade abgefußtes Bein in der Luft verharren. So soll es sein!

Nathalie Penquitt:
Beim Üben von Geschicklichkeitsaufgaben, wie beispielsweise dem rückwärtsgerittenen L, sollte man es sich zur Gewohnheit machen, die Aufgabe in Teilstücke zu zerlegen. Oft gibt es kein Halten mehr, ist der Rückwärtsgang erst einmal eingelegt. Dagegen hilft, das Pferd anzuhalten, indem man die Zügel lang lässt, und an jeder beliebigen Stelle des L wieder nach vorn zu reiten. Für gutes, ruhiges Anhalten darf das Pferd gern zwischendurch belohnt werden. So lernt es, dass es nicht das einzige Ziel ist, die Sache schnell hinter sich zu bringen, sondern es sich durchaus lohnt, auf dem Weg zu überlegen, wie es weitergehen soll.

Häufige Geschicklichkeitsaufgaben können Wunder für die Psyche des Pferdes bewirken. Hierzu wird von Ihnen besonders Geduld und Geschicklichkeit bei Beachtung der Hilfen und der erforderlichen Korrekturen gefordert.

Warum bringt das Vornüberbeugen beim Rückwärtstreten Schwierigkeiten?

Claus Penquitt:
Wer seinem Pferd beigebracht hat, auf den vornübergebeugten Oberkörper mit Rückwärtsgehen zu reagieren, kann in verzwickten Situationen in zusätzliche Schwierigkeiten geraten. Dies ist sehr lehrreich bei meinen Kursteilnehmern zu beobachten. Aber auch diese bekommen typische Lehrbeispiele life geliefert.

Will sich ein Pferd, aus welchen Gründen auch immer, einer Lektion oder Geschicklichkeitsübung entziehen, so zeigt es oftmals allerlei Unwilligkeitsreaktionen. Sehr häufig gehört hierzu das unerwünschte Rückwärtsgehen. In dieser vermeintlich oder auch tatsächlich schwierigen Situation nimmt mindestens jeder zweite Kursteilnehmer eine reflexhafte Sicherheitshaltung ein, indem er sich vornüberbeugt.

Das Pferd wird hierdurch aber kaum in seinem oft panikartigen Rückwärtsgang zu bremsen sein. Noch schwieriger wird es bei den Pferden, die gelernt haben, auf diese Körperhaltung mit Rückwärtsgehen zu reagieren. Im Gelände kann solch eine Situation dann in einem Graben ihr unangenehmes Ende finden.

So werden auch Sie zu dem Schluss kommen, dass Körperhaltung und Hilfen nicht beliebig sein können. Hier handelt es sich vielmehr um Ganzheitliches. Etwas, das auf physikalischen und anatomischen Gesetzen sowie dem Verstehen der Psyche des Pferdes basiert. Auch zieht sich diese Erkenntnis wie ein roter Faden durch das, was die Reitmeister vieler Jahrhunderte uns an Wissen überlassen haben.

Auf einen Blick

- In einigen Reitweisen ist das schnelle Rückwärtstreten des Pferdes sehr gefragt. So lernen die Pferde selbstständig den flotten Rückwärtsgang. Der Nachteil besteht darin, dass diese Rückwärtsrallye in anderen Situationen schwer zu stoppen ist.
- Dem Pferd ist folglich Schritt für Schritt das kontrollierte Rückwärtstreten beizubringen.
- In äußerst schwierigen Situationen mit dem Pferd beugt man sich häufig nach vornüber. Wer seinem Pferd dies auch zum Rückwärtstreten beigebracht hat, kann in unangenehme Schwierigkeiten kommen.

Fragen zum Biegen und Beugen des Pferdes

Was ist die natürliche und die angerittene Schiefe und welche Folgen haben diese für das Pferd?

Wie verhält sich ein „schiefes" Pferd, das heißt, woran kann ich dieses merkwürdige Phänomen erkennen?
Sollte ich gegen die Schiefe etwas tun? Wenn ja, was?

Was ist die natürliche und die angerittene Schiefe und welche Folgen haben diese für das Pferd?

Claus Penquitt:
„Richte dein Pferd gerade und reite es vorwärts." Nahezu jeder, der reitet, hat diesen berühmten Ausspruch einmal gehört. Gustav Steinbrecht, einer der großen Reitmeister früherer Zeiten, hatte ihn geprägt. Nur viele scheinen bis heute noch nicht so recht zu wissen, was er hiermit meinte, sonst würden hierzu nicht immer wieder Fragen gestellt werden. Diese resultieren auch daraus, dass anspruchsvolleres Reiten stark gefragt ist. Dieser Trend hat nun auch die erfasst, denen bisher das ständige Bummeln am hingegebenen Zügel vollauf genügte.

Die als unerlässlich erkannte Aufnahme der gymnastizierenden Lektionen nach altklassischen Vorbildern in das Reitprogramm auch dieser vorstehend beschriebenen, relativ großen Gruppe ist im vollen Gange. Wer hierbei aber Fehler macht, hat viel zu tun, um diese wieder auszubügeln. Aber auch die sogenannten „Englisch-Reiter" reiten aus Unwissenheit viele Fehler in ihre Pferde bzw. verstärken negative Anlagen der Pferde. So zeigt dieser Umstand erhebliche negative Auswirkungen auch auf die hier angesprochene Schiefe des Pferdes.

Wie verhält sich ein „schiefes" Pferd, das heißt, woran kann ich dieses merkwürdige Phänomen erkennen?

Claus Penquitt:
Zunächst ein wenig Vorgeschichte zu der in der Praxis erlebten Schiefe des Pferdes: Es war ein heißer Tag mit tiefblauem Himmel. Ab und zu kam ein leichter Windhauch vom unweit entfernten Atlantik. Wir waren wieder in Andalusien. Unser Ziel, ein Picadero (Reitanlage) der ersten Klasse, war erreicht. Pedro, der Pferdepfleger, kümmerte sich mit strahlendem Gesicht um unser Gepäck, während der Hausherr uns mit nicht weniger guter Laune und einem Fino, dem köstlich mundenden trockenen Sherry, begrüßte. Vor uns lagen herrliche Wochen mit viel Sonne, Palmen, Atlantik und Reiten, Reiten, Reiten ...

Am nächsten Morgen empfing uns Pedro mit zwei bereits gesattelten, wunderschönen andalusischen Hengsten. Und wieder verzauberten sie uns mit ihren sanften, dunklen, ovalen Augen und ihrem traumhaft perlmuttfarbigen Fell, das durch die andalusische Sonne einen unglaublichen Glanz erhielt. Diese Verzauberung überfiel uns jedes Jahr erneut.

Nun aber konnten wir mit unserer selbst gestellten Aufgabe beginnen. Hierzu habe ich eine spezielle Vorgehensweise entwickelt, wenn es darum geht, dass Pferde, die vor allem längere

Zeit den erheblichen psychischen Belastungen im Reitbetrieb ausgesetzt waren, diesem wieder standhalten können. In gewohnter Weise sollten nach etwa 45 Minuten die nächsten Pferde nach meinem üblichen Korrekturverfahren geritten werden.

Natürlich konnte niemand erwarten, dass die in einer Saison von den verschiedensten Reitgästen täglich im Gelände gerittenen Pferde nun auf dem Reitplatz feinstes Ballett mit uns gingen oder zumindest relativ artig und sensibel auf feine Hilfen achtend. Aber es kam unangenehmer. Bei den Pferden musste sich ein „Virus" eingeschlichen haben. Gleich in der ersten Platzrunde kam die Bescherung zutage. Beide Pferde gingen auf dem Hufschlag extrem schief und in Längsrichtung krummgebogen. Nun konnte sich endlich auch Cornelia, meine Frau, in der Praxis mit dem Thema der Schiefe des Pferdes auseinandersetzen.

In Gesprächen zum Thema kam häufig der Gedanke auf, dass das Pferd in den Lektionen der Seitengänge, wie zum Beispiel dem Travers, ja auch schiefgestellt auf dem Hufschlag gehen soll, und zwar gewollt. Vergleicht man aber die seitliche Biegung eines korrekt im Travers gehenden Pferdes mit der des ungewollt schief gehenden Pferdes, so wird man sehr schnell gravierende Unterschiede feststellen können. Beim Travers wird bekanntlich angestrebt, dass sich das Pferd in einer gewollten Schrägstellung, aber möglichst optimal hohlgebogen in die Bewegungsrichtung bewegt. Ein Pferd mit einer ungewollten Schiefe hingegen verbiegt sich zu einer S-Form. Wie kommt es zu dieser „krummen Tour"?

Geht das Pferd zum Beispiel auf dem Hufschlag rechtsherum, so wird es, wie bei der überwiegenden Mehrzahl schief gehender Pferde zu beobachten ist, dazu neigen, mit dem äußeren, also linken Vorderbein aus dem Hufschlag heraus an die Bahnbegrenzung zu drängen. Das innere, also rechte Hinterbein hingegen geht außerhalb des Hufschlages, also seitlich weg in die Bahninnenseite. Die rechte Pferdehüfte kommt so nach vorn, die linke bleibt zurück. Das linke, also äußere Hinterbein wird weniger gebeugt und steifer. Es tritt nicht unter den Körper, sondern schiebt lediglich gegen die Last. Schließlich hält das Pferd bei dieser „krummen Tour" auch noch seinen Hals in die falsche Richtung, also seitlich nach außen gebogen. Wird nun der Kopf des Pferdes vom Reitenden gerade gestellt, so ergibt sich beim Pferd in Längsrichtung gesehen eine wohl kaum erstrebenswerte S-Form seines Körpers. Die Fortbewegung auf solch einem Pferd gleicht nach meiner Meinung eher einer Strafe als einem Reitvergnügen.

Wie kommt sie zustande, die Schiefe? Die **natürliche** Schiefe ist angeboren. Wie sie entsteht, kann hier nicht geklärt werden. Es gibt zu viele oft widersprüchliche Meinungen und spekulati-

Hier demonstriert Nele ein schief gehendes Pferd. Während hierbei das innere Hinterbein zu weit nach innen geht, bewegt sich das äußere Vorderbein zu weit außen entlang. Der Kopf des Pferdes zeigt dabei unkorrigiert häufig noch mehr nach außen als hier zu sehen.

Pferd mit natürlicher Schiefe

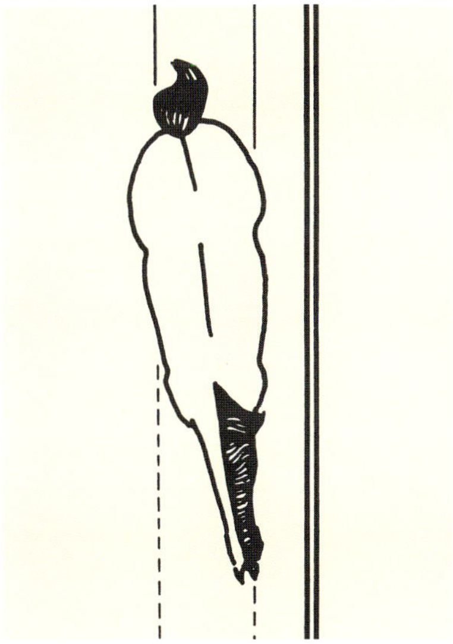

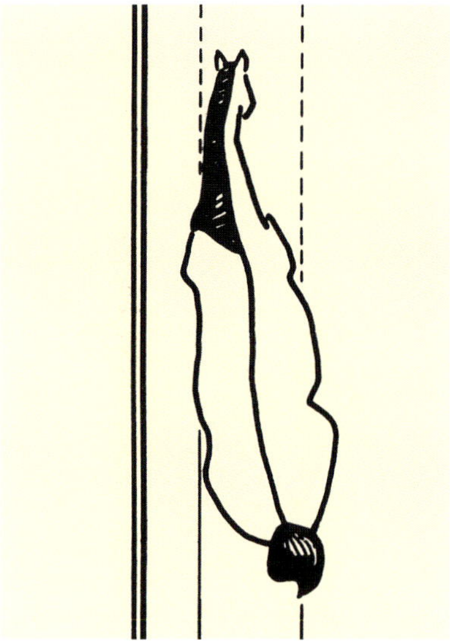

Bei einem schief gehenden Pferd wird das Reiten auf Dauer äußerst unangenehm. Wird nur die Kopfstellung nach innen korrigiert, bessert sich nichts. Vielmehr verbiegt sich die Wirbelsäule mehrfach.

ve Erklärungen sowie pseudowissenschaftliche Behauptungen hierzu. Am einleuchtendsten ist noch die Überlegung, dass so wie der Mensch Rechts- oder Linkshänder ist, auch das Pferd eine „Schokoladenseite“ hat. Zu dieser Seite lässt es sich im Gegensatz zu seiner anderen Seite wesentlich leichter biegen und tut dies auch ohne Zutun des Menschen.

Wird das Pferd nur zum Spazieren- oder Wanderreiten, also im Gelände eingesetzt, so kann es unbemerkt seine Schiefe beibehalten. Ein unbedarfter Reiter, der nichts anderes kennt als so zu reiten, wird sich nach einiger Zeit dieser zum Sitzen eigentlich sehr unbequemen Schieflage anpassen wollen. So bringen diese Reiter das Kunststück fertig, schief und mit eingeknickter Hüfte, aber dem schief liegenden Sattel angepasst zu sitzen.

Will man aber solch ein Pferd nun auf einem Dressurplatz reiten, um es zu gymnastizieren, so wird man, wie so schön gesagt, sein blaues Wunder erleben. So etwa, wie eingangs geschildert, es Cornelia und ich mit den andalusischen Hengsten erlebten. Auch sie waren damals nur von den Reitgästen im Gelände geritten worden. Hinzu kam, was noch schlimmer war, dass diese Pferde durch ständiges am Zügelziehen knallhart, also völlig unsensibel im Maul geworden waren. So wurden die Zügel immer härter angenommen und die Schiefe vom Pferd als Abwehrmittel verstärkt.

Die **angerittene** Schiefe wird durch vielfältige Unzulänglichkeiten der Reitenden verursacht. Zwar scheint wohl jedes Pferd die Anlage zu einer Schiefe zu haben, spätestens aber wird sie durch mangelhaftes hippologisches Wissen, das sehr schnell zu unüberlegten Handlungen führt, auftreten können. Der hieraus resultierende Schaden kann zu großen Schwierigkeiten führen. So wird zum Beispiel versucht, bereits das junge Pferd, das noch keinerlei gymnastische Vorbereitungen erfahren hat, mit brachialer Gewalt an den Zügel zu stellen, obgleich es hierzu in keiner Weise in der Lage sein kann. Vergleichsweise wäre das so, als wollte man eine junge Ballettschülerin gleich am Anfang ihrer Ausbildung mit roher Gewalt zwingen, einen Spagat zu machen.

Aber es gibt noch andere Methoden, die zur angerittenen Schiefe führen können, wie zum Beispiel flaschenzugartig wirkende Hilfszügel und ähnlich wirkende Konstruktionen. Sie sollen etwa mangelnde Muskelkraft, vermeintlich fehlende Zeit oder aber fehlendes Verständnis für das ungymnastizierte Pferd ersetzen. Sie sollen etwas bewirken, was nicht gehen kann. So wird vor allem das junge Pferd verstört und in seiner Entwicklung erheblich gestört. Der gewünschte weit ausladende Schritt rückt nun in weite Ferne. Es wird vielmehr zu trippeln anfangen und als Ausweg gegen den unerbittlichen Druck im Maul schief statt gerade gestellt vorwärtsgehen – ein klassisches

Beispiel für die angerittene Schiefe. Was sagte doch Steinbrecht noch: „Richte dein Pferd gerade und reite es vorwärts.“ Und spätestens jetzt bekommt dieser kluge Ausspruch seinen tiefen Sinn.

Sollte ich gegen die Schiefe etwas tun? Wenn ja, was?

Claus Penquitt:
Eigentlich ist es ganz einfach. Lassen Sie von vornherein das sein, was vorstehend beschrieben wurde, und befolgen Sie den Ratschlag Steinbrechts. Zunächst sollten Sie mit möglichst lockerem Zügelkontakt Ihr Pferd reiten. Das heißt, Sie sollten ohne Zug, und damit ohne Druck auf das Pferdemaul auszuüben, und zunächst ohne den geringsten Versuch einer Beizäumung, lediglich mit den Zügeln spielend, Ihr Pferd reiten. Allerdings kann Ihnen passieren, dass diese Empfehlung genau das Gegenteil von dem ist, was Ihnen von anderer Seite geraten wird.

Je länger Sie Ihrem jungen Pferd erlauben, den Kopf so zu tragen, wie es ihn tragen möchte, desto selbstverständlicher wird es später ohne jeglichen Zwang die Haltung annehmen können, die es auf Dauer dann braucht, um mit gesunden Beinen und gesundem Rücken Ihre Last viele Jahre zu tragen. Zwischendurch beginnen Sie, Ihr junges Pferd zunächst möglichst viel vom Boden aus zu gymnastizieren. Benutzen Sie hierzu die große Palette der Bodenarbeit, angefangen von Geschicklichkeitsübungen, dann dem Schultervor bis zu den Seitengängen, wie vor allem Schulterherein und Travers.

Führen Sie bei der Bodenarbeit Ihr Pferd nicht nur von der linken Seite aus. Wechseln Sie hin und wieder die Seiten. Das Pferd wird ohnehin reichlich links orientiert behandelt. So wird von seiner linken Seite meistens das Futter gereicht und auch getränkt, von links auf- und abgestiegen und das Pferd nach dem Reiten zum Trocknen geführt. Auch wird weitaus mehr linksherum geritten. Wenn sich meine Kursteilnehmer auf den Hufschlag begeben, so werden sie, sofern keine Richtungsangabe erfolgt, zu neunzig Prozent linksherum mit ihren Pferden gehen. So etwas kann sich sehr wohl bei einem Pferd einprägen. Je länger Sie hierüber nachdenken, desto mehr wird Ihnen in Zukunft zur Abhilfe der Schiefe einfallen.

Was hilft gegen die natürliche Schiefe? Das, was beim jungen Pferd gegen die angerittene Schiefe zu tun ist, gilt auch für die Beseitigung der natürlichen Schiefe. Beim völlig ausgewachsenen Pferd sind teilweise noch andere Maßnahmen erforderlich. So wird die Bodenarbeit entfallen können. Hingegen erfahren intensive gymnastizierende Elemente vom Sattel aus besondere Bedeutung. So sind die bei der routinemäßigen Gymnastizierung ohnehin zu reitenden Volten und die Seitengänge Schulterherein sowie Travers nach bestimmten Kriterien gezielt einzusetzen.

So gerade, wie Nele es hier zeigt, soll auch ein vorher schief gehendes Pferd nach entsprechenden Korrekturmaßnahmen gehen.

Geradegestelltes Pferd

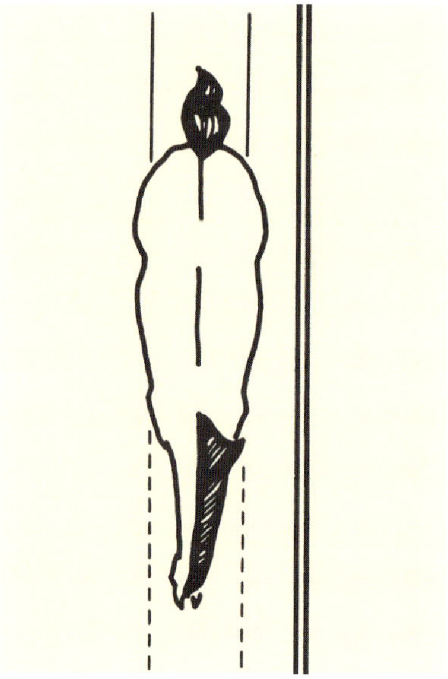

Reiten Sie viele Volten, aber ohne besonders die Zügel anzunehmen. Spielen Sie vielmehr mit den Zügeln und zeigen Sie vor allem mit der rechtzeitigen Drehung Ihres Oberkörpers in die Bewegungsrichtung dem Pferd den Weg. – Hat eine Kontrolle auf dem Hufschlag ergeben, dass Ihr Pferd in einer Schiefe (wie in der Zeichnung dargestellt) geht, so sollten Sie als Gegenmittel viel rechtsherum im Schulterherein reiten. Linksherum ist dann gegen diese Schiefe vermehrt im Travers zu reiten.

Bleibt schließlich noch zu überlegen, was eigentlich geschieht, wenn ich gegen die Schiefe meines Pferdes nichts unternehme? Nun, abgesehen davon, dass Sie zum Ausgleich der Schiefe ständig selbst schief sitzen müssen, was anspruchvolles Reiten auf Dauer unmöglich macht, werden schließlich die Gelenke, Sehnen, Wirbel und Muskeln Ihres Pferdes geschädigt.

Zur Schiefe des Pferdes ließe sich vieles sagen. Aber diese Erklärungen, Hinweise und Tipps zur Bekämpfung der Schiefe beim Pferd dürften genügen, um sinnvolle und praktikable Maßnahmen durchführen zu können, um so zur Gesunderhaltung Ihres Pferdes beizutragen.

Nathalie Penquitt:

Die Schiefe des Pferdes ist ein weites Feld. Ich möchte gern noch einige ergänzende Überlegungen hinzufügen. Es gibt verschiedene Prinzipien, mit der Schiefe umzugehen. Gern wird auf der schlechteren Seite, auf der das Pferd schiefer geht, mehr trainiert. Ich trainiere immer beide Seiten gleichmäßig. Dabei achte ich darauf, die Lektionen auf der besseren Seite zuerst zu reiten. So ist das Pferd der Übung gegenüber positiver eingestellt. Gelingt es dann auch auf der schwierigeren Seite, kann man das Pferd loben und ihm eine Pause gönnen. Genauso verfahre ich an der Longe. Ich beginne meist auf der Hand, auf der das Pferd besser läuft.

Gassen aus Stangen können das Pferd veranlassen, besser geradeaus zu gehen. Gleichzeitig lernt der Mensch, das Pferd präzise auf einem bestimmten Weg zu halten, wenn er es durch die Gassen steuern muss.

Interessant ist außerdem die Frage, ob die Schiefe wirklich am Pferd liegt oder vielleicht am Reiter. Wenn bei einem Reiter jedes Pferd die gleiche Schiefe zeigt, sollte ihm das zu denken geben. Umgekehrt kann es der Fall sein, dass ein Pferd bei dem einen Reiter schief nach links geht, bei dem anderen schief nach rechts. Dann sollte nicht viel an dem Pferd korrigiert werden, sondern die Reiter müssen genau ihren Sitz überprüfen. Steht kein Reitlehrer zur Verfügung, helfen auch Videoaufnahmen von allen Seiten. Viele Reiter sehen dann ihre Asymmetrien ganz genau, doch haben sie vorher nichts davon gewusst. Es gibt wohl kaum jemanden, der absichtlich schief sitzt.

Auf einen Blick

- Die Ursachen für die natürliche Schiefe des Pferdes sind noch nicht beweiskräftig geklärt.
- Die angerittene Schiefe des Pferdes ist vor allem auf eine fehlerhafte Zügelführung zurückzuführen.
- Ein Pferd mit einer Schiefe ist an seiner s-förmigen Längsbiegung erkennbar.
- Ein korrekter Sitz ist bei einem Pferd mit einer Schiefe nicht möglich.
- Die Schiefe belastet Gelenke, Wirbel, Sehnen und Muskeln des Pferdes und schädigt sie auf Dauer.
- Die Bekämpfung der Schiefe erfolgt je nach Alter und Ausbildungsstand des Pferdes entweder zunächst vom Boden oder aber sofort aus dem Sattel.
- Zur Beseitigung der Schiefe helfen zunächst eine sehr lockere Zügelführung, viele Volten und bestimmte Seitengänge in bestimmter Folge.
- Stets sollte überprüft werden, ob die Schiefe wirklich am Pferd liegt oder vielleicht am Reiter.

▸ Wozu braucht man die Übung Schultervor?

Claus Penquitt:
Das Schultervor ist eine Schnupperübung für Pferde, die noch zu jung für das Erlernen von Seitengängen sind. Das Pferd geht hierbei in einer leichten Schrägstellung von etwa 15° zum Bahninneren mit noch kaum merklicher Längsbiegung.

Zwei sehr wichtige Funktionen erfüllt diese Übung. Das Schultervor ist für junge Pferde eine sehr gute Einstiegslektion in die Seitengänge, für die sie zum Erlernen noch zu jung sind. Es dient vor allem als eine Vorübung zum Schulterherein. Weiterhin kann das Schultervor zur Beseitigung der so unangenehmen natürlichen bzw. angerittenen Schiefe des Pferdes (siehe Seite 112) eingesetzt werden.

Diese Schiefe wirkt sich so aus, dass das Pferd auf dem Hufschlag gehend ständig bestrebt ist, mit seiner Kruppe vom Hufschlag hinweg mehr oder weniger ausgeprägt nach innen zu schieben, während zumindest das äußere Vorderbein nach außen, also zwischen Hufschlag und Bahnbegrenzung strebt. Hierdurch geht es ständig in einer ungewollt schiefen Stellung.

Die unerlässliche seitliche Biegung mittels der Seitengänge, der Volten und dergleichen wird hierdurch später erheblich erschwert, wenn nicht unmöglich. Und um es noch einmal zu sagen: Der alte Reitmeister Steinbrecht hatte dies schon seinerzeit klar erkannt. Er prägte die berühmte und auch heute noch

Beim Schultervor, einer Einstiegsübung in die Seitengänge und zur Korrektur einer Schiefe, geht das Pferd in einer schwachen Schrägstellung von etwa 15°. So ist das innere Hinterbein deutlich zwischen den etwas nach innen gestellten Vorderbeinen zu sehen. Der hier etwas zu tief gehaltene Kopf soll leicht nach innen zeigen.

gültige Forderung: „Richte dein Pferd gerade und reite es vorwärts."

Die angerittene Schiefe hingegen resultiert aus der Vorliebe des Reitenden, aber auch des Pferdes, für eine bestimmte Richtung. Daher wird auch wiederholend darauf hingewiesen, dass jede hierzu mögliche Übung jeweils links- wie auch rechtsherum geritten werden muss. Leider merken viele überhaupt nicht, wie schief ihr Pferd geht. Sie sollten daher unbedingt darauf achten, denn die dauernde Schiefstellung des Pferdes kann sehr unangenehme Folgen für Sie und Ihr Pferd haben (siehe Seite 114). Fangen Sie daher rechtzeitig mit dem Schultervor an, damit die Seitengänge folgen können. Es lohnt sich.

Nathalie Penquitt:
Das Schultervor macht Pferd und Reiter mit der diagonalen Hilfengebung vertraut. Es spielen bei dieser Lektion der innere Schenkel und der äußere Zügel eng zusammen. Mit dem Erlernen von Schultervor wird vieles möglich. Plötzlich lässt sich der Zirkel vergrößern, ohne die Biegung aufgeben zu müssen. Man kann das Pferd in eine Richtung schauen lassen, ohne dass es sofort dorthin geht. Der Reiter lernt den äußeren Zügel so einzusetzen, dass der Pferdekopf nicht sofort auf diese Seite gezogen wird. Weiterhin muss er seine Gewichtsverlagerung gut unter Kontrolle bringen, denn auch bei dieser Übung gilt, das Gewicht immer dorthin zu verlagern, wo man hinmöchte, also in die Bewegungsrichtung. Dieses Grundprinzip ist auch für die Seitengänge sehr wichtig.

Auf einen Blick

- Schultervor ist eine Vorübung für die später folgenden Seitengänge.
- Durch das Reiten von Schultervor wird einer etwaigen Schiefe des Pferdes entgegengewirkt.
- Die Schrägstellung des Pferdes soll etwa 15° betragen.

Braucht jedes Reitpferd Versammlung?

Ist Versammlung für jedes Pferd zum Reiten unerlässlich, auch wenn dies ein Kraftakt ist?
Was hat Versammlung mit Hankenbug zu tun?

Braucht jedes Reitpferd Versammlung?

Claus Penquitt:
Allein die Fragestellung macht deutlich, wie wenig Wissen über den Begriff „Versammlung" immer noch in Reiterkreisen vorhanden ist. Sowohl die Häufigkeit dieser Frage als auch die hierfür vorgebrachten Begründungen können dies nur bestätigen.

So meinte eine Fragestellerin, sie wolle gern auf die Versammlung ihres Pferdes verzichten, um dem Pferd die hiermit verbundene Tortur zu ersparen. Natürlich ist für solche Fragesteller Verständnis angebracht, wenn ihnen zum Beispiel empfohlen wird, dass zur Versammlung des Pferdes der Kopf mittels Zügelzug und Schenkeldruck unter allen Umständen gesenkt werden muss.

Ist Versammlung für jedes Pferd zum Reiten unerlässlich, auch wenn dies ein Kraftakt ist?

Claus Penquitt:
Offensichtlich ist die Ansicht, dass zum Erreichen der Versammlung des Pferdes die Zügeleinwirkung am wichtigsten sei, noch immer nicht ausgeräumt. So wird Ratsuchenden nach wie vor empfohlen, falls eine „Beizäumung" als Mittel zur Versammlung nicht zu schaffen sei, dies doch mit Hilfszügeln, die eine kraftverstärkende Übersetzung haben, zu versuchen (siehe hierzu auch Seite 41).

Die Versammlung eines Pferdes ist unerlässlich. Sie stellt sich durch gut überlegtes, vielseitiges und äußerst konsequentes Gymnastizieren des Pferdes ein. Das Ergebnis zeigen hier locker, leicht und in schöner Haltung Birgit Lehmann und ihr Anglo-Araber.

In einer Fachzeitschrift für eine spezielle Reitweise wurde vom Verfasser eines Beitrages zur Versammlung empfohlen, doch das Pferd hierzu in eine Ecke zu stellen, um es an einem möglichen Zurückweichen beim Anziehen der Zügel zu hindern. Auf diesen unglaublich dummen Ratschlag folgte erstaunlicherweise keinerlei Reaktion, weder von Seiten der Redaktion noch von einem Leser.

Selbstverständlich kann die Versammlung des Pferdes nicht durch irgendwelche Manipulationen „gemacht" werden. Sie stellt sich vielmehr als Ergebnis eines langen Prozesses durch ein großes Mosaik vielfältiger gymnastizierender Maßnahmen irgendwann ein.

Nathalie Penquitt:
Versammlung kann kein Kraftakt sein, dann ist es nämlich keine. Ein Pferd lässt sich nicht mit Kraft in die Versammlung zwingen. Mit Kraft erreiche ich lediglich, wenn überhaupt, einen senkrecht gehaltenen Kopf. Bei der Versammlung wird die Tragkraft der Hinterbeine im Gegensatz zur Schubkraft immer stärker. Dies gelingt nur durch entsprechendes Training der Muskulatur, wobei die Seitengänge eine große Rolle spielen. Wird der Kopf des Pferdes, wie auch immer, einfach in eine senkrechte Position gezogen, hat das mit Versammlung nichts zu tun. Es werden sogar die falschen Muskeln gestärkt. Lässt man diesen Pferden die Zügel locker, ist häufig eine ausgeprägte Unterhalsmuskulatur zu erkennen. Versammlung heißt aber auch, dass sich ein Pferd in einer ständigen Dehnungsbereitschaft befindet. Gibt man am Zügel nach, sollte der Kopf nicht in die Höhe schnellen, sondern vielmehr tiefer sinken. Ist das der Fall, kann ein Pferd den Reiter locker tragen. Es genügt dann die Unterstützung des Nackenbandes, um den Pferderücken tragfähig zu machen. Muss ein Pferd die langen Rückenmuskeln beanspruchen, um den Reiter zu tragen, weil der Kopf ständig nach oben will und so das Nackenband außer Funktion gerät, führt das zu Verspannungen. Die Hinterhand ist nicht mehr frei beweglich, das Pferd kann nicht untertreten, die Hanken nicht beugen und sich nicht versammeln.

Was hat Versammlung mit Hankenbug zu tun?

Claus Penquitt:
Ein in Versammlung gehendes Pferd tritt vermehrt mit den Hinterbeinen unter seinen Körper und entlastet so die Vorderbeine. Hüft-, Knie- und Sprunggelenke verändern ihre Winkelung, sie beugen sich – man nennt dies Hankenbug. Das Pferd wird hinten tiefer, der Rücken strafft sich federnd, der Hals richtet sich in einem feinen Bogen auf, wobei sich der Kopf mit seiner Nasenlinie der Senkrechten nähert.

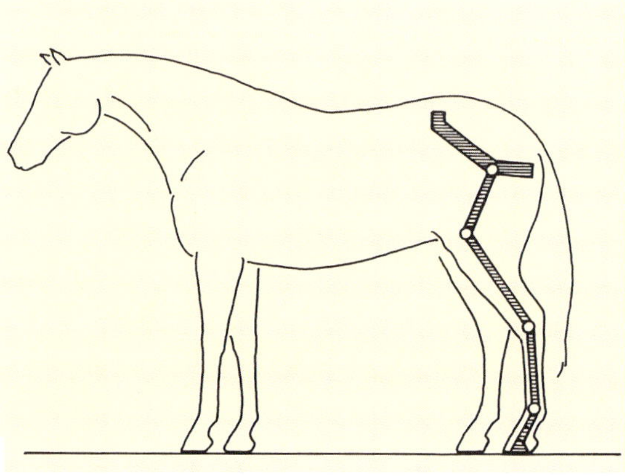
1

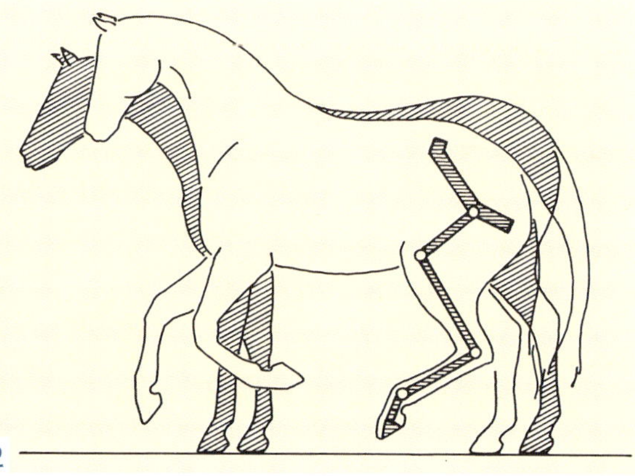
2

1 Beim Hankenbug kommt es vor allem auf die Winkelung von Hüftgelenk, Kniegelenk und Sprunggelenk an.
2 Durch den Hankenbug ist das Pferd hinten deutlich tiefer gestellt und entlastet seine empfindlicheren Vorderbeine.

Pferde mit solch einer Gymnastizierung werden bei entsprechender Haltung mit viel Luft, Licht und Auslauf bis ins hohe Alter kerngesund und psychisch ausgeglichen bleiben. Sie fallen durch elastischen Schwung bei schöner Körperhaltung und einem harmonischen Einklang mit ihrem Reiter besonders auf.

So etwa stelle ich mir selbstverständlich auch Freizeitpferde vor, und ich hoffe, Sie auch. Und damit ist wohl die Frage, ob jedes Reitpferd das braucht, was unter Versammlung zu verstehen ist, hoffentlich für Sie überzeugend beantwortet.

Auf einen Blick

- Versammlung ist nicht etwa eine Maßnahme, die ein Dressurpferd zu leisten hat. Versammlung braucht vielmehr jedes Pferd, das ein Reitergewicht tragen soll.
- Versammlung ist das Ergebnis einer intensiven Gymnastizierung, das ein Pferd in die Lage versetzt, den Reitenden elastisch schwingend zu tragen ohne dabei selbst Schaden zu nehmen.
- Die zur Versammlung führenden Maßnahmen können und dürfen nicht durch Kraftanstrengungen des Reitenden erreicht werden. Auch hier gilt wieder, dass Reiten unter keinen Umständen Kraftsport, sondern vielmehr ein eleganter Denksport sein soll.
- Auf einen Nenner gebracht: Ohne eine vermehrte Winkelung von Hüft-, Knie- und Sprunggelenk kein Hankenbug, und ohne Hankenbug keine Versammlung.

Sind Seitengänge für jedes Pferd sinnvoll?

Sind Seitengänge auch für die Psyche des Pferdes ein Naturheilmittel?
Warum bringen Seitengänge neue Perspektiven auch für den Reiter?

Sind Seitengänge für jedes Pferd sinnvoll?

Claus Penquitt:
Die physische und psychische Aus- und Fortbildung eines Pferdes hat viele Facetten. Hier muss ideenreich vorgegangen werden. In diesem Buch wird verschiedentlich über die unerlässliche Gymnastizierung des Pferdes gesprochen. Hauptsächlich geht es hierbei um das Biegen und Beugen des Pferdes. Sinnvoller, als hierzu die Seitengänge mit einzusetzen, können gymnastizierende Lektionen wohl kaum sein. Sind doch die Seitengänge als die „Hohe Schule" der Biegung und Beugung des Pferdes anzusehen.

Sind Seitengänge auch für die Psyche des Pferdes ein Naturheilmittel?

Claus Penquitt:
Mit den Lektionen der Seitengänge eröffnen sich Möglichkeiten der positiven physischen und psychischen Veränderung eines Pferdes in einer kaum vorstellbaren Dimension. Hierauf kann und darf eine Reiterin oder ein Reiter eigentlich nicht verzichten. Schon manches verrittene, bereits durch mehrere Hände gegangene und dann kaum noch reitbare Pferd erlebte durch umsichtiges Erlernen der Seitengänge ein völlig neues Gefühl beim Gerittenwerden.

Das Pferd wird in einer anderen Art als sonst beim Reiten gefordert. Hier ist seine volle Konzentration gefragt. Bald bleibt dem Pferd keine Zeit mehr, sich an Unangenehmes zu erinnern und wie sonst mit Unarten zu reagieren. Im Gegenteil, jetzt wird Eifer erweckt. Vorausgesetzt, Sie überfordern Ihr Pferd nicht und sind mit Belohnungen großzügig.

Nathalie Penquitt:
Ohne Frage sind Seitengänge für das Reiten eine Bereicherung. Ich möchte aber anregen, hin und wieder in einer Reitstunde ganz auf jeden Seitengang zu verzichten. Allerdings erst, wenn

Leicht und locker kreuzt Vigoroso in der Trabtraversale mit seinem äußeren über das innere Vorderbein (links) und anschließend mit seinem äußeren über das innere Hinterbein (rechts).

das Pferd bereits durch ihr Erlernen ausreichend gymnastiziert wurde. Ich stelle immer wieder fest, dass so ein „anspruchsloses“ Training besonders den weit ausgebildeten Pferden gut tut. Mit neuem Elan und ganz entspannt werden sie nächstes Mal wieder dabei sein.

Warum bringen Seitengänge neue Perspektiven auch für den Reiter?

Claus Penquitt:
In früheren Jahrhunderten war es für die alten Reitmeister eine Selbstverständlichkeit, die Seitengänge in allen bekannten Formen zu reiten. Wie aus alten Schriften ersichtlich hatten sie auch persönlich Gefallen daran gefunden und Ehrgeiz entwickelt, Seitengänge in perfekter Form zu reiten. Es machte ihnen einfach freude. Die vielseitigen Anforderungen an Pferd **und Reiter** beim Erlernen der Seitengänge machen das Reiten also besonders interessant. Schon der kleinste Fortschritt lässt auf beiden Seiten eine neue Art von Gefallen am Reiten und Gerittenwerden aufkommen. So erleben bei diesem Reiten auch Sie eine neue und erfreuliche Dimension.

Die Seitengänge, die von Ihnen bisher als Dressurreiten mit negativem Vorzeichen empfunden wurden und daher nicht in Frage kamen, werden Sie nun in einem völlig anderen Licht sehen. Dies geht so weit, dass das zweckbestimmte Reiten dieser Lektionen, also der gymnastizierende Effekt, zwar nach wie vor willkommen ist, aber nun nicht mehr als Hauptsache angesehen wird.

Es entwickelt sich ein beglückendes Gefühl, mit seinem Pferd etwas ganz Besonderes tun zu können, etwas, wozu auch Sie selbst erst anspruchsvollere Fähigkeiten entwickeln mussten, um diese in Harmonie mit Ihrem Pferd umsetzen und erreichen zu können. Und auch bei Ihren Ausritten im Gelände werden Sie im Laufe der Zeit die Wandlung Ihres Pferdes erleben, die Ihr Glücksgefühl beim Reiten und Ihre Harmonie mit ihm noch mehr vertiefen wird.

Seitengänge erfordern viel Aufmerksamkeit des Pferdes. Birgit zeigt hier den recht schwierigen Renvers.

Auf einen Blick

- Seitengänge sind schlechthin das beste Gesundheitsmittel für ein Reitpferd.
- Einen hohen Stellenwert haben sie aber auch für eine ausgeglichene Psyche des Pferdes.
- Schließlich profitiert auch derjenige, der diese Seitengänge erlernt und sie seinem Pferd vermittelt, durch mehr Wissen, mehr Können und mehr Verstehen von allem, was sein Pferd betrifft.
- So können Sie sich mit Ihrem Reiten eine neue Ebene schaffen, auf der der Weg des Reitens zur Kunst werden kann.

Ohne das Schulterherein wäre eine ausgewogene Gymnastizierung des Pferdes nicht denkbar. Stimmt das?

Warum noch ein neuer Seitengang?

Ohne das Schulterherein wäre eine ausgewogene Gymnastizierung des Pferdes nicht denkbar. Stimmt das?

Claus Penquitt:
Wie ein roter Faden ziehen sich die Seitengänge durch dieses Buch. Aber ohne die Seitengänge, und hier im Besonderen das von François Robichon de la Guérinière erfundene Schulterherein, ist die sogenannte und an anderer Stelle erläuterte Versammlung eines Pferdes, als Resultat einer umfassenden gymnastizierenden Schulung, aus meiner Sicht nicht denkbar. Hierbei hat das Schulterherein unter den Seitengängen einen ganz besonderen Stellenwert.

Warum noch ein neuer Seitengang?

Claus Penquitt:
Als de la Guérinière vor über 270 Jahren eine Bestandsaufnahme aller gymnastizierenden Lektionen auf ihre Brauchbarkeit machte, soll er gemeint haben, dass es eine noch effektivere Form der Gymnastizierung geben müsste. Er vermisste noch eine intensivere Lösung der Schultern des Pferdes. Bereits vor ihm hatte ein anderer Reitmeister Überlegungen in dieser Richtung unternommen, die de la Guérinière vermutlich nicht vollkommen befriedigten. So führte er das auf dem Hufschlag gerittene Schulterherein ein. Eine geniale Überlegung, wie sich bald herausstellte. Wohl keiner der alten Reitmeister wollte seit-

Man braucht nur die entsprechende Haltung einzunehmen und schon geht Vigoroso ohne weitere Hilfen im Schulterherein.

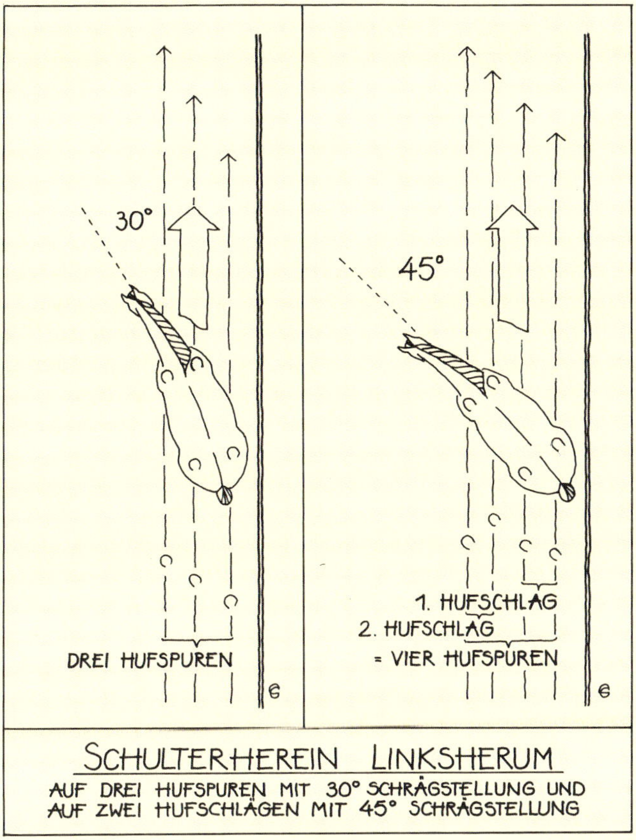

Schulterherein linksherum auf drei und auf vier Hufspuren geritten.

dem auf die Anwendung des Schulterhereins verzichten. Auch benutzten sie es als das bevorzugte Korrekturmittel.

Hatte ein Pferd Schwierigkeiten in Galopplektionen, so empfahlen sie, diese mittels des Schulterhereins zu beheben. Nach de la Guérinières Meinung konnte ein verrittenes Pferd durch einen geübten Reiter binnen kürzester Zeit durch regelmäßige Lektionen im Schulterherein korrigiert werden.

Schulterherein, so de la Guérinière, benötige ein Pferd während seiner gesamten Ausbildungszeit. Ich bin sogar der Meinung, dass das Schulterherein ein Pferd sein ganzes Reitleben lang begleiten sollte. So verfahre ich seit vielen Jahren mit bestem Erfolg.

Nathalie Penquitt:
Gut, dass es Schulterherein gibt. Es ist der Seitengang, mit dem ich meine Schüler als ersten vertraut mache. Beim Schulterherein hat der Reiter es wesentlich leichter, seine Schenkelhilfe durchzusetzen, da das Pferd zum Beispiel nach links gebogen

Schulterherein sollte das Pferd sein ganzes Reitleben lang begleiten.

ist, aber nach rechts geht. Wenn der Schenkelgehorsam mit dieser Lektion gefestigt ist, fallen andere Seitwärtsbewegungen wie Travers und Traversalen auch leichter. Dann ist allerdings oft zu beobachten, dass ein Pferd, das Schulterherein und Travers kann, Travers bevorzugt.

Schulterherein ist eine Art Allheilmittel. Es macht, richtig kombiniert, müde Pferde munter und bringt hektische zur Ruhe. Einmal erlernt, kann man sich ein Reiten ohne Schulterherein nicht mehr vorstellen.

Auf einen Blick

- Schulterherein ist der einzige Seitengang, bei dem die hohlgebogene Seite entgegen der Bewegungsrichtung liegt.
- François Robichon de la Guérinière, noch heute ein Vorbild für anspruchsvolles Reiten, erfand das geniale Schulterherein um etwa 1730. Jetzt konnten die Schultern des Pferdes intensiver gelöst werden.
- De la Guérinière meinte, dass neben Vorzügen verschiedenster Art das Schulterherein auch zur Korrektur verrittener Pferde wirksam eingesetzt werden kann.
- Auch heutzutage sagt man, dass Schulterherein der wohl wichtigste aller Seitengänge sei.

Warum haben bestimmte Kombinationen von und mit Seitengängen einen besonders wertvollen Effekt?

Ist es sinnvoll, zum Beispiel aus einer Volte heraus zum Schulterherein überzugehen oder vom Schulterherein in den Travers?
Warum sollte ich Schulterherein-Galopp zunächst auf dem Zirkel üben?
Warum kann die kurze Bahnseite eine besondere Bedeutung für Seitengänge haben?

Warum haben bestimmte Kombinationen von und mit Seitengängen einen besonders wertvollen Effekt?

Claus Penquitt:
Das Schulterherein ist der einzige Seitengang, bei dem die hohlgebogene Seite des Pferdes sich entgegen der Bewegungsrichtung befindet. Diese Sonderstellung kann man sich zunutze machen, indem man das Schulterherein zum Übergang in einen anderen Seitengang einsetzt. Das Pferd braucht also in seiner Längsbiegung sowohl zu Seitengängen als auch Volten und vielem mehr nicht umgestellt zu werden.

Claus Penquitt:
Kai war bereits im Jahr zuvor in die Grundbegriffe der Seitengänge und so auch in das Schulterherein eingeführt worden und hatte in der Zwischenzeit tüchtig geübt. Das Schulterherein bereitete ihr und ihrem Pferd keinerlei Schwierigkeiten mehr. Dass die Einleitung eines Seitenganges aus einer anderen Lektion heraus ihr und ihrem Pferd eine gute Hilfe sein könnte, leuchtete ihr ein. So auch, als sie aus einer Volte heraus ins Schulterherein wechseln sollte.

Kai, eine junge und energiegeladene Frau, hatte vom Erlernen des Schulterhereins noch sehr gut in Erinnerung, wie ihr Pferd, das ihr charakterlich sehr ähnelte, zunächst nicht einsehen wollte, warum es sich mit seinem inneren Vorderbein vom Hufschlag trennen sollte. Hatte Kai es mühsam für ein paar Meter dennoch geschafft, war es aus mit der Schrägstellung für diesen Seitengang. Doch dann befolgte Kai den Tipp, den ich ihr gab. Sie setzte vom Hufschlag aus ständig zu einer Volte an.

Wollte das Pferd sich nun hierzu vom Hufschlag entfernen und hatte dies bereits mit dem inneren Vorderbein getan, dann hielt Kai es zurück und verlagerte dazu energisch ihr Gewicht zur Seite in die Bewegungsrichtung. Das tat sie sehr geschickt, und weiter ging's im Schulterherein mit den üblichen Hilfen. Wollte sich das Pferd wieder drücken, dann ging es wie beschrieben wieder mit der Andeutung einer Volte los. Kais zähe Beharrlichkeit war es, die ihr dann auch den Erfolg brachte. Ihr Pferd spielte irgendwann mit, und dieses Problem war gelöst.

Für Pferde, die mit einem Übergang aus einer anderen Lektion in das Schulterherein Schwierigkeiten haben, ist eine dazwischengelegte Volte eine elegante Lösung, da die Zügelhaltung, die Drehung des Oberkörpers und die Biegung des Pferdes aus der Volte heraus in das Schulterherein beibehalten werden. Aber auch aus dem Schulterherein in den Travers zu gleiten oder umgekehrt ist gut zu reiten und wirkt gleichfalls fließend, da auch hier die Biegung des Pferdes beibehalten wird.

Und noch eine Übung, zum Thema passend, ist für Pferd und Reiter nützlich und bringt Abwechslung. Es geht um das Volte-Vergrößern mit Überleitung in das Schulterherein.

Die Übung beginnt mit einer Volte um den Bahnmittelpunkt X. Dann wird sie schneckenförmig bis auf Zirkelgröße erweitert. Da dieser Mittelzirkel dann den Hufschlag berührt, müssen Sie kurz vorher ausnahmsweise die Hinterbeine Ihres Pferdes führen lassen. So kommt das Pferd mit diesen zuerst auf dem Hufschlag an. Damit haben Sie gleich eine Schrägstellung erreicht und veranlassen Ihr Pferd, in dieser Stellung auf dem Hufschlag zu bleiben.

So haben Sie auch durch diese Übung wieder einen fließenden Übergang von einer Lektion in eine andere, und der Supereffekt in dieser Übung ist, dass Sie beim Volte-Vergrößern die

Ist es sinnvoll, zum Beispiel aus einer Volte heraus zum Schulterherein überzugehen oder vom Schulterherein in den Travers?

1 Beim Übergang von einer Volte ins Schulterherein wird die Biegung des Pferdes beibehalten.
2 Ein fließender Übergang ins Schulterherein ist auch aus dem Vergrößern einer Volte bis zum Hufschlag möglich.

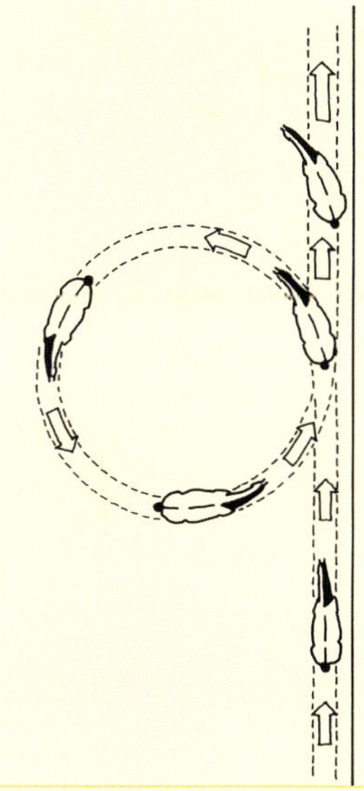
1

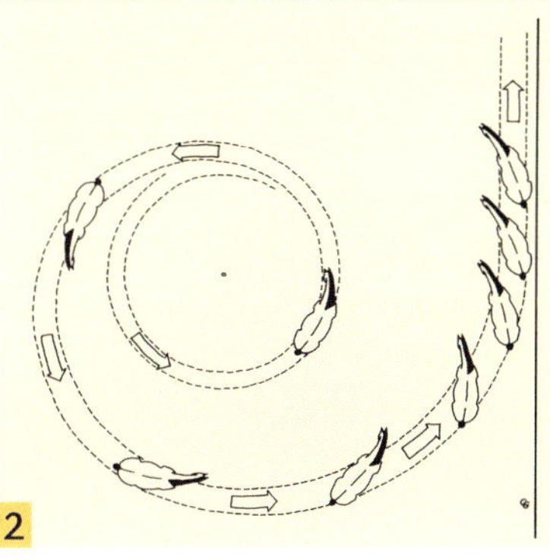
2

gleichen Hilfen geben und die gleiche Körperhaltung einnehmen wie danach im Schulterherein. So brauchen Sie sich nicht umzustellen, und das Pferd wird hierdurch auch weniger gestört. Hinzu kommt, dass es die beim Vergrößern der Volte erforderliche Hohlbiegung gleichfalls weiterhin beibehalten kann.

Nathalie Penquitt:
Meist fällt es im Schulterherein leichter als in irgendeinem anderen Seitengang, eine korrekte Biegung einzustellen. Von daher ist Schulterherein eine sehr gute Ausgangsposition für andere Seitengänge. Kombinationen von Seitengängen sind ein hervorragendes Training für den Schenkelgehorsam des Pferdes.

Dafür nur ein Beispiel: Macht das Pferd Probleme im Renvers auf der linken Hand, weil es den linken Schenkel nicht akzeptieren will, kann das Schulterherein auf dieser Hand als Vorbereitung dienen. Auch dabei muss es dem linken Schenkel weichen. Es muss dann die Biegung verändert werden und Renvers entsteht.

Eine gute Lösung, falls es Probleme mit der Biegung gibt, ist die bereits beschriebene Kombination von Schulterherein, Volte und Travers. Hier ist der Schenkelgehorsam die Voraussetzung, dann kann man sich ganz auf den Erhalt der korrekten Biegung konzentrieren. Je nach Fall lässt sich eine sinnvolle Kombination zusammenstellen.

Warum sollte ich Schulterherein-Galopp zunächst auf dem Zirkel üben?

Claus Penquitt:
Der Zirkel macht vieles möglich. Mit etwas Fantasie werden Sie bald auch noch andere praktische Kombinationen entdecken. So zum Beispiel, wenn das Pferd den Schulterherein-Galopp lernen soll. Hierbei kann es passieren, und das geschieht häufig, dass es anfangs auf dem geraden Hufschlag ständig um-

Zunächst wird Schulterherein-Galopp auf dem Zirkel geübt.

springt, also in den Kontergalopp geht. Das kommt besonders häufig dann vor, wenn Sie die normalen Galopphilfen allgemein mit dem äußeren Schenkel geben. Beim Schulterherein kommen die Hilfen aber, so wie wir es lehren, zumindest anfangs vom inneren Schenkel. So wird dieser Schenkeleinsatz vom Pferd als Aufforderung zum Galoppwechsel verstanden. Und wenn es sonst sich vielleicht schwermacht mit den fliegenden Wechseln, hier macht Ihr Pferd es prompt.

So kann sich nun wieder die Nützlichkeit des Zirkels erweisen. Auf dem Zirkel geritten ist vieles wirksamer. So auch in diesem Fall. Den meisten Pferden ist die Schulterhereinstellung auf dem Zirkel im Kontergalopp derart unangenehm, dass

Beherrscht das Pferd den Schulterherein-Galopp auf dem Zirkel, dann kann er auch auf der Geraden geritten werden.

solche Ambitionen nach dem ersten Versuch nicht mehr aufkommen werden. Beim Einsatz des inneren Schenkels ist es aber angebracht, den äußeren deutlich markierend anzulegen. Dies hilft dem Pferd, nicht umspringen zu wollen.

Bringen Sie also dem Pferd den so ungemein wichtigen Schulterherein-Galopp erst auf dem Zirkel geritten bei. Dies sollten Sie anfangs in nur leichter Schrägstellung tun. Schon bald wird Ihr Pferd diesen Seitengang, im Galopp geritten und ohne umzuspringen, beherrschen.

Da Sie beim Reiten auf dem Zirkel auch den Hufschlag berühren, bleiben Sie nach dem zweiten, im Schulterherein gerittenen Zirkel auf dem Hufschlag und reiten geradeaus weiter. Nur wenn das Pferd in den Kontergalopp umspringen sollte, brechen Sie die Übung ab und setzen auf der anderen Seite

Wer die kurze Bahnseite im Schulterherein reitet, kann die vorhandene Hohlbiegung wunderbar zur Einleitung einer Traversale nutzen.

wieder zu einem erneuten Mittelzirkel im Schulterherein an. Bald wird der Schulterherein-Galopp ein beliebter und ungemein wertvoller Bestandteil Ihres Gymnastizierungsprogramms sein.

Nathalie Penquitt:
Das Schulterherein im Galopp bildet bei mir in der Reihenfolge des Erlernens eine Ausnahme. Ich übe immer zuerst Travers. Im Galopp fällt das den Pferden wesentlich leichter, da sie keine Konterstellung einnehmen müssen und somit nicht umspringen wollen. Nach dem Trainieren dieser Seitwärtsbewegung wage ich mich dann auch an Schulterherein heran.

Warum kann die kurze Bahnseite eine besondere Bedeutung für Seitengänge haben?

Claus Penquitt:
Das Kombinieren von Seitengängen, geschickt vorgenommen, ergibt für Sie die Möglichkeit, mit gleitenden Übergängen von einem in den anderen Seitengang überzugehen. Zur Einleitung

solcher Kombinationen eignet sich besonders die kurze Bahnseite. So lasse ich zum Beispiel, wenn es irgendwie passt, und das ist meistens der Fall, das Pferd die kurze Bahnseite im Schulterherein gehen.

Sie reiten also auf der kurzen Bahnseite im Schulterherein. Dabei ist das Pferd auf seiner inneren Seite hohlgebogen. Nach der kurzen Seite geht es weiterhin im Schulterherein um die Ecke herum. Nach etwa zwei Pferdelängen kommt dann der fließende Übergang zur Traversale, die durch die ganze Bahn wechselnd fortgesetzt wird.

Für diesen Übergang war zwar ein Wechseln des Schenkeleinsatzes und der Zügelführung erforderlich, aber die so wichtige Hohlbiegung des Pferdes aus dem Schulterherein können Sie nun auch in der Bewegungsrichtung des Pferdes beibehalten. Anfangs wird dies sicher schwierig sein, aber im Laufe der Zeit werden mit viel Geduld diese und auch andere wohlüberlegte Übergänge in gewünschter Art fließend gelingen.

Durch das Einbeziehen von Seitengängen wie Schulterherein, Travers, Renvers, Traversale und Letztere als Steigerung im Zickzack-Galopp mit fliegenden Wechseln geritten, kann sich für jede Reiterin bzw. jeden Reiter aus schlichtem gymnastizierenden Reiten die Vorstellung eines Tanzes mit dem Pferd ergeben.

Das Wunderbare am Reiten der Seitengänge ist, dass diese von jedem mittels einfacher Lernschritte, in einem entsprechenden Schulungsprogramm, ohne Weiteres erlernt werden können. Viele, die anfangs mit großem Vorbehalt hiermit anfingen, können sich heute ein Reiten ohne diese wunderbaren Seitengänge nicht mehr vorstellen.

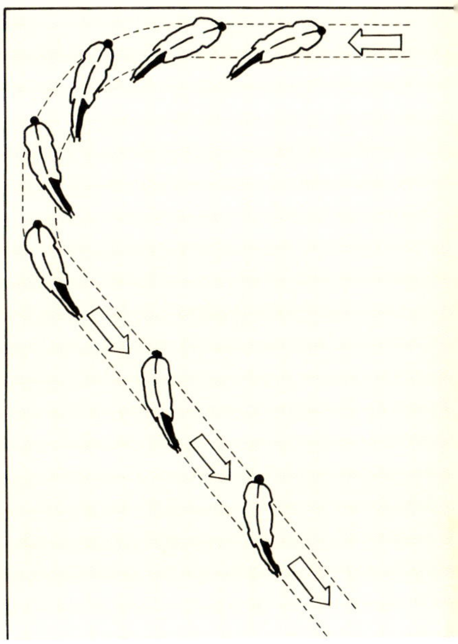

Übergang aus dem Schulterherein auf der kurzen Bahnseite und durch die Ecke in eine Traversale nach links

Auf einen Blick

- Von einem Seitengang in den anderen fließend hineinzugleiten, macht das Reiten zu einem kunstvollen Genuss. Wer das Kombinieren der Seitengänge gut überlegt und als Übergang von einem zum anderen zum Beispiel mittels des Schulterhereins verbindet, kann dies erreichen.
- Auch eine Volte kann zwei Seitengänge sinnvoll verbinden.
- Schulterherein-Galopp bringt die Geschmeidigkeit des Pferdes auf einen Höhepunkt, allerdings können anfangs erhebliche Schwierigkeiten auftreten. Der Zirkel kann, für den Schulterherein-Galopp anfangs benutzt, kleine Wunder bewirken.
- Wer die kurze Bahnseite im Schulterherein reitet, kann die vorhandene Hohlbiegung wunderbar zur Einleitung für einen neuen Seitengang nutzen.

▸ Wie kann ich die zur Gymnastizierung meines Pferdes erforderlichen Lektionen reiten, wenn ich keinen Reitplatz zur Verfügung habe?

Kann ich auch im Gelände gymnastizierende Elemente üben?

Wie kann ich die zur Gymnastizierung meines Pferdes erforderlichen Lektionen reiten, wenn ich keinen Reitplatz zur Verfügung habe?

Claus Penquitt:
Wer einen eigenen Reitplatz und vielleicht sogar noch eine Halle auf seinem Grundstück hat, der kann sich unglaublich glücklich schätzen. Das Gymnastizieren des Pferdes tut Not, aber wie, wenn man weder über eine eigene Anlage verfügt noch eine mitbenutzen kann? Nun ja, die Situation ist dann äußerst schwierig, aber nicht hoffnungslos. Auch wenn es mit erheblichen Schwierigkeiten verbunden sein sollte, muss versucht werden, seinem Pferd wenigstens einige Stunden auf einem Platz zumindest die Grundbegriffe beibringen zu können. Danach kann man sehr wohl im Gelände sein Pferd weiter ausbilden, denn mit etwas Fantasie gibt es hierzu bestimmt ausreichend Gelegenheiten.

Kann ich auch im Gelände gymnastizierende Elemente üben?

Claus Penquitt:
Viele der in diesem Buch beschriebenen gymnastizierenden Maßnahmen lassen sich ins Gelände verlagern. Nur zum Erlernen der Seitengänge halte ich einen Reitplatz mit einer Begrenzung als Anhaltspunkt für einen Hufschlag für unumgänglich. Hierbei ist seine Größe für diese Zwecke nicht unbedingt entscheidend. Ein Platz von 10 x 20 Metern, provisorisch hergerichtet, ist immer noch besser, als keinen zu haben. In Spanien habe ich Reitplätze von Profis gesehen, die keine größeren Abmessungen hatten.

Viele gymnastizierende Übungen können auch ins Gelände verlegt werden. So lassen sich Strohballen, wenn erlaubt, sehr schön in Zirkeln und Volten umkreisen. Wer's kann, macht einen fliegenden Wechsel dazwischen.

Denken Sie immer daran, dass Eintönigkeit Gift für Ihr Pferd ist. Steht nicht ständig ein Reitplatz zur Verfügung, so kann man viele Lektionen, so auch den Spanischen Schritt, ins Gelände verlegen, wie Nathalie es hier zeigt.

Hat Ihr Pferd auf einem Reitplatz die Grundlagen der gymnastizierenden Lektionen erst einmal erlernt, dann können Sie diese in der Folge sehr wohl ins Gelände verlagern. Hier finden Sie viele Gelegenheiten. Auf einem unbefestigten Weg haben Sie für Schulterherein, Travers, Renvers und für die Zickzack-Traversale genügend Platz und den Wegrand als Begrenzung.

Je mehr Sie suchen, desto größer wird die Routine. Um einzeln stehende Bäume herum lassen sich Volten in allen Gangarten und in verschiedenen Seitengängen drehen. Auf Stoppelfeldern, soweit erlaubt, ist viel Platz. Nicht nur zum Geradeausreiten, auch für schönste Galopptraversalen. Herumliegende Strohballen in Volten oder Zirkeln mit fliegenden Wechseln und in Seitengängen zu umkreisen macht nicht nur Spaß, es ist auch interessant und bringt Abwechslung für Ihr Pferd. Die immer wieder geäußerten Ängste, dass Pferde beim Anblick eines Stoppelfeldes unkontrollierbar im Galopp abziehen, können dann der Vergangenheit angehören, denn die Gefahr kann nur durch falsches Verhalten im Gelände entstanden sein.

Im Watt einer Nordseeinsel oder wo auch immer es bei Ebbe kilometerweit nur weißen trockenen Sand gibt, können Sie sich durch die Hufspuren Ihres Pferdes den schönsten Reitplatz schaffen. Und bevor Sie Ihr Pferd in den Wind stellen, um es mal ordentlich laufen zu lassen, werden Sie artig die schönsten gymnastizierenden Figuren reiten.

Solche und ähnliche Beispiele lassen sich beliebig fortsetzen. Natürlich kann so nicht voll befriedigend oder ständig ein Reitplatz ersetzt werden. Andererseits kann aber auch ein Reitplatz niemals vollständiger Ersatz für das Reiten in freier Landschaft sein.

Denken Sie immer daran, dass Eintönigkeit Gift für Ihr Pferd ist. Sie sollten daher durch Vielseitigkeit im Reiten nicht nur die körperliche Gesundheit Ihres Pferdes erhalten und fördern, sondern stets auch Anforderungen an seine Psyche stellen und diese auslasten und erfreuen. Machen Sie dies zu Ihrem ständigen Bestreben, dann wird Ihr Pferd es Ihnen auf vielfache Art sein ganzes Leben lang danken.

Nathalie Penquitt:
Dieses Thema ist bereits sehr umfassend beantwortet, und so möchte ich ausnahmsweise den wunderschönen Schlusssätzen nichts hinzufügen.

Auf einen Blick

- Ohne Reitplatz ist es am Anfang schwierig, einem Pferd gymnastizierende Elemente beizubringen.
- Das Gelände bietet bei etwas Fantasie viele Möglichkeiten, um mit seinem Pferd nicht nur „geradeaus" reiten zu müssen, sondern es auch zu gymnastizieren.
- Muss sich ein Pferd im Gelände durch verlangte Übungen konzentrieren, so vergisst es mancherlei mögliche Flausen und wird hübsch und artig seine Lektionen absolvieren, womit beiden, also Pferd und Reiter, sehr gedient ist.

Service

Nützliche Adressen

Freizeitreit-Akademie®
Claus Penquitt
Hiddinger Str. 35
D-27274 Visselhövede
Tel. +49-(0)4262-724
Fax +49-(0)4262-8661
Internet: www.claus-penquitt.de

Nathalie Penquitts Pferdeschule
Hof Hohenholz
Hohenholzer Weg 36
D-27305 Engeln
Tel. +49-(0)4253-801808
Fax +49-(0)4253-801809
Internet: www.penquitt.de

Reit-Zentrum Reken
Frankenstr. 37
D-48734 Reken
Tel. +49-(0)2864-2434
Fax +49-(0)2864-5860
E-Mail: fs.reitzentrum@t-online.de
Internet: www.fs-reitzentrum.de

Deutsche Reiterliche
Vereinigung (FN)
Freiherr-von-Langen-Str. 13
D-48231 Warendorf
Tel. +49-(0)2581-63620
Fax +49-(0)2581-62144
Internet: www.fn-dokr.de

Vereinigung der Freizeitreiter
und -fahrer in Deutschland (VFD)
Auf der Hohengrub 5
D-56355 Hunzel
Tel. +49-(0)6772-9630980
Fax +49-(0)6772-9630985
Internet: www.vfdnet.de

Bundesfachverband für Reiten
und Fahren in Österreich (BFV)
Geiselbergstr. 26 – 35/512
A-1110 Wien
Tel. +43-(0)1-749926110
Fax +43-(0)1-749926191
E-Mail: office@fena.at
Internet: www.fena.at

Schweizerischer Verband
für Pferdesport (SVPS)
Papiermühlestr. 40 H
Postfach 726
CH-3000 Bern 22
Tel. +41-(0)31-3354343
Fax +41-(0)31-3354358
E-Mail: info@svps-fsse.ch
Internet: www.svp-fsse.ch

Bezugsquelle für Cavaletti, Markierungsstangen und -kegel aus Kunststoff:

Hofmeister
Kirchstr. 47
D-58285 Gevelsberg
Tel. +49-(0)2332-55360
Fax +49-(0)2332-553620
Internet:
www.hofmeister-pferdesport.de

Zum Weiterlesen

Bücher und Filme von Claus und Nathalie Penquitt

Penquitt, Claus: **Die neue Freizeitreiter-Akademie**; Reiten nach altklassischen, altkalifornischen und iberischen Vorbildern, KOSMOS 2001
Die maßgebliche Reitlehre, in der die richtige Gymnastizierung des Pferdes, eine feine Hilfengebung und Harmonie im Vordergrund stehen.

Penquitt, Claus: **Mein Übungsbuch**; Lektionen zum gymnastizierenden Reiten, KOSMOS 2004
Dieses Übungsbuch mit über 40 Aufgaben für jeden Reittag gibt vielseitige Anregungen für mehr Abwechslung und für ein sinnvolles Dressurtraining.

Penquitt, Claus: **Die neue Freizeitreiter-Akademie DVD**; KOSMOS 2003
Der Lehrfilm zur Freizeitreiter-Akademie, Spieldauer ca. 55 Minuten.

Penquitt, Nathalie: **Meine Pferdeschule**; Zauber der Verständigung, KOSMOS 2005
In diese Schule gehen Reiter und Pferd mit Begeisterung. Schritt für Schritt werden die Übungen an der Hand erklärt, die das Pferd zu mehr Freude beim Training motivieren.

Penquitt, Nathalie: **Nathalie Penquitts Pferdeschule Video**; Zauber der Verständigung, KOSMOS 1997
Der Lehrfilm zur Pferdeschule, Spieldauer ca. 40 Minuten.

Penquitt, Nathalie: **Erste Schritte unter dem Sattel**; Junge Pferde selber ausbilden, KOSMOS 1999
Nathalie Penquitt erklärt, wie Jungpferde von Anfang an vielseitig und pferdegerecht ausgebildet werden.

Penquitt, Nathalie: **Nathalie Penquitts Longierschule**; Ausbilden mit Präzision, Pep und Pferdeverstand, KOSMOS 2002
Jetzt geht's rund: Dieses Buch enthält das Know-how fürs richtige Longieren und viele nützliche Tipps für mehr Vielfalt in der Ausbildung und im Training.

Penquitt, Nathalie: **Nathalie Penquitts motivierte Pferde**; Pferde motivieren und faszinieren, Cadmos 2004
Nathalie Penquitt bietet Antworten auf Fragen und zeigt viele Wege und Lösungen, um ein Pferd erfolgreich zu motivieren. Mit praktischen Trainingsplänen.

Penquitt, Nathalie: **Lernspiele für Pferde**; Lernen spielend leicht gemacht, Cadmos 2006
Spielerisches Lernen fördert die Motivation des Pferdes, das Ergebnis sind glückliche und gut ausgebildete Pferde.

Penquitt, Nathalie: **Manege frei für Freizeitpferde**; Zirkuslektionen für Neugierige, Cadmos 2004
Nathalie Penquitt präsentiert Zirkuslektionen für Freizeitpferde, Schritt für Schritt und präzise erklärt.

Weitere empfehlenswerte Bücher

Aguilar, Alfonso: **Wie Pferde lernen wollen**; Bodenarbeit, Erziehung und Reiten, KOSMOS 2004
Der Mexikaner Alfonso Aquilar, bekannt für seine begeisternde und einfühlsame Art Pferde zu trainieren, zeigt anhand vieler praktischer Übungen den Weg auf, wie Pferde in ihrem Wesen begriffen und gefördert werden können.

Bender, Ingolf (Herausgeber): **KOSMOS Handbuch Pferd**; Reiten, Fahren, Haltung, Zucht, Gesundheit, KOSMOS 2006
Das geballte Wissen über Pferde und Reiten, Zucht, Haltung und Gesundheit auf neuestem Erkenntnisstand in einem einzigen Kompendium. 19 namhafte Hippologen, Trainer und Ausbilder kommen in ihrem Fachgebiet zu Wort.

Cummings, Peggy: **Bodenarbeit**; Mit Connected Groundwork zu Bewegungsfreiheit und Selbsthaltung des Pferdes, KOSMOS 2007
Bewusste, lösende und kräftigende Körperbewegungen bereiten Pferd und Reiter auf lockeres und harmonisches Reiten vor.

Cummings, Peggy: **Connected Riding**; Besser reiten mit inneren Bildern, KOSMOS 2005
Connected Riding verhilft dem Reiter zu einer inneren Beweglichkeit und äußeren Geschmeidigkeit, die ihn mit seinem Pferd in Kontakt bringen. Ziel ist ein ausbalancierter Reiter, der sich in einer neutralen Beckenposition befindet und so locker mit den Bewegungen des Pferdes mitgehen kann.

Klimke, Ingrid und Dr. Reiner: **Cavaletti – Dressur und Springen**; Erfolgreich trainieren mit Olympiareiterin Ingrid Klimke, KOSMOS 1997, 2005
Ein wichtiger Grundstein für den Erfolg von Ingrid Klimke ist die Cavaletti-Arbeit. Neben der Gymnastizierung des Pferdes und der damit verbundenen Verbesserung der Gangarten bringt sie Spaß und Abwechslung in den Trainingsalltag.

Lyons, John: **Grunderziehung für Fohlen**; Die 20 wichtigsten Übungen Schritt für Schritt, KOSMOS 2004
Mit dieser Grunderziehung legt man ein solides Fundament für die zukünftige Ausbildung in allen reiterlichen Disziplinen.

Meyners, Eckart: **Bewegungsgefühl und Reitersitz**; Reitfehler vermeiden – Sitzprobleme lösen, KOSMOS 2005
Mit dem Praxisbuch zur Meyners-Methode bekommt jeder Reiter flatternde Schenkel, hohe Absätze und unruhige Hände in den Griff. Das 6-Punkte Kurzprogramm für besseres Reiten wird erfolgreich auf Lehrgängen eingesetzt.

Rashid, Mark: **Der auf die Pferde hört**; Erfahrungen eines Horseman aus Colorado, KOSMOS 2006
Mark Rashid ist einer der besten und erfahrensten Pferdeausbilder Nordamerikas. Sein Wissen gibt er an Menschen weiter, die neue Wege im Umgang mit dem Pferd suchen. Sensibel, humorvoll und mit vielen Erlebnissen schildert er seinen ganz persönlichen Weg mit seinen Lehrmeistern, den Pferden.

Savoie, Jane: **Positiv denken – Erfolgreich reiten;** Mit Mentaltraining zum persönlichen Sieg, KOSMOS 2006
Mentales Training, Motivationstechniken, Visualisierungsübungen und Konzentration stärken Selbstbewusstsein und reiterlichen Fähigkeiten.

Schöning, Barbara Dr.: **Das KOSMOS Erziehungsprogramm Pferde**; Pferdeverhalten verstehen, Verhaltensprobleme vermeiden und lösen, Pferde richtig motivieren, KOSMOS 2004
Hier finden Sie das kleine Einmaleins des guten Benehmens für Pferde und wie Sie es auch mit Ihrem Pferd spielerisch und mit Freude erreichen.

Simonds, Mary Ann: **Was Pferde wirklich brauchen**; Der Weg zu Ausgeglichenheit und Leistungsstärke, KOSMOS 2006
Die Verhaltensforscherin beschreibt, welche Bedürfnisse Pferde haben und wie man Pferden trotz Einschränkungen ein artgerechtes Leben bieten kann.

Simonds, Mary Ann und Meyer, Dorothe Dr. med. vet.: **Stress bei Pferden erkennen und behandeln**; KOSMOS 2007
Jedes Pferd hat Stress. Dieses Buch hilft Pferdebesitzern, die Gefühle und Bedürfnisse ihrer Pferde zu erkennen und Stress z. B. beim Verladen, beim Wettkampf und bei der Haltung zu reduzieren.

Tellington-Jones, Linda und Lieberman, Bobbie: **Tellington Training für Pferde**; Das große Lehr- und Praxisbuch, KOSMOS 2006
Dies ist das umfassende Lehr- und Praxisbuch der Tellington-Methode für Pferde. Es enthält das komplette Wissen, um die Tellington-Methode im Training mit Pferden erfolgreich anzuwenden.

Tellington-Jones, Linda: **Die Linda Tellington-Jones Reitschule**; KOSMOS 2003
Reiten mit Fairness und Freude, TTEAM-Bodenübungen und Führpositionen, Körperarbeit und TTouches.

Tellington-Jones, Linda: **TTouch und TTeam für Pferde**; Der sanfte Weg zu Gesundheit, Leistung und Wohlbefinden, Das Praxisbuch, KOSMOS 2002
Linda Tellington-Jones' berühmte TTouches für Pferde und die TTeam-Bodenarbeit in detailgenauen Schritt-für-Schritt-Anleitungen. Für eine harmonische Mensch-Pferd-Beziehung.

Register

BILDNACHWEIS

Alle Farbfotos und Illustrationen von Cornelia Göricke-Penquitt.

IMPRESSUM

Umschlaggestaltung von eStudio Calamar unter Verwendung von drei Fotos von Cornelia Göricke-Penquitt.

Mit 101 Farbfotos und 24 Illustrationen.

Bibliografische Informationen der Deutschen Nationalbibliothek
Die Deutsche Nationalbibliothek verzeichnet diese Publikation in der Deutschen Nationalbibliografie; detaillierte bibliografische Daten sind im Internet über http://dnb.ddb.de abrufbar.

Gedruckt auf chlorfrei gebleichtem Papier

ISBN: 978-3-440-10710-2
Grundlayout: Friedhelm Steinen-Broo, eStudio Calamar
Redaktion: Gudrun Braun, Hamburg
Produktion: Kirsten Raue, Claudia Kupferer
Printed in Germany / Imprimé en Allemagne

KOSMOS Postfach 106011
D-70049 Stuttgart
TELEFON +49 (0)711-2191-0
FAX +49 (0)711-2191-422
WEB www.kosmos.de
E-MAIL info@kosmos.de